# カミーノ!

## 女ひとりスペイン巡礼、900キロ徒歩の旅

森　知子

幻冬舎文庫

# カミーノ！　女ひとりスペイン巡礼、９００キロ徒歩の旅

## カミーノ・デ・サンティアゴとは？

スペイン北西部のガリシア地方にある大聖堂、サンティアゴ・デ・コンポステーラを目指して歩く巡礼のこと。サンティアゴ・デ・コンポステーラはローマ（ヴァチカン）、エルサレムと並ぶキリスト教徒の三大聖地のひとつで、イエスの使徒のひとりであった聖ヤコブ（セイント・ヤコブ＝スペイン語でサンティアゴ）の亡骸《なきがら》が眠っているといわれている。巡礼の歴史は1000年以上。サンティアゴまでのルートはヨーロッパ各地から延びているが、フランスからピレネー山脈を越えて北スペインを歩く〝フランス人の道〟（810km区間）がもっとも有名で、世界遺産にも登録されている。

現在、ここを訪れる巡礼者は年間15万人。世界中からトレッキング好きや敬虔《けいけん》なクリスチャンが集まってくるほか、失業中の若者やバックパッカー、夫に捨てられた中年ライター（筆者）などの迷える子羊たちも、ギャーギャー悩みを告白しあいながら歩いているようだ。

サンティアゴ・デ・コンポステーラへ着いた巡礼者たちは、巡礼証明書をもらい、ミサに参加する。その後、〝地の果て〟といわれるフィステーラ岬までさらに90km歩き、大西洋に向かって巡礼中に身につけていたものを燃やして巡礼を終える風習もある。

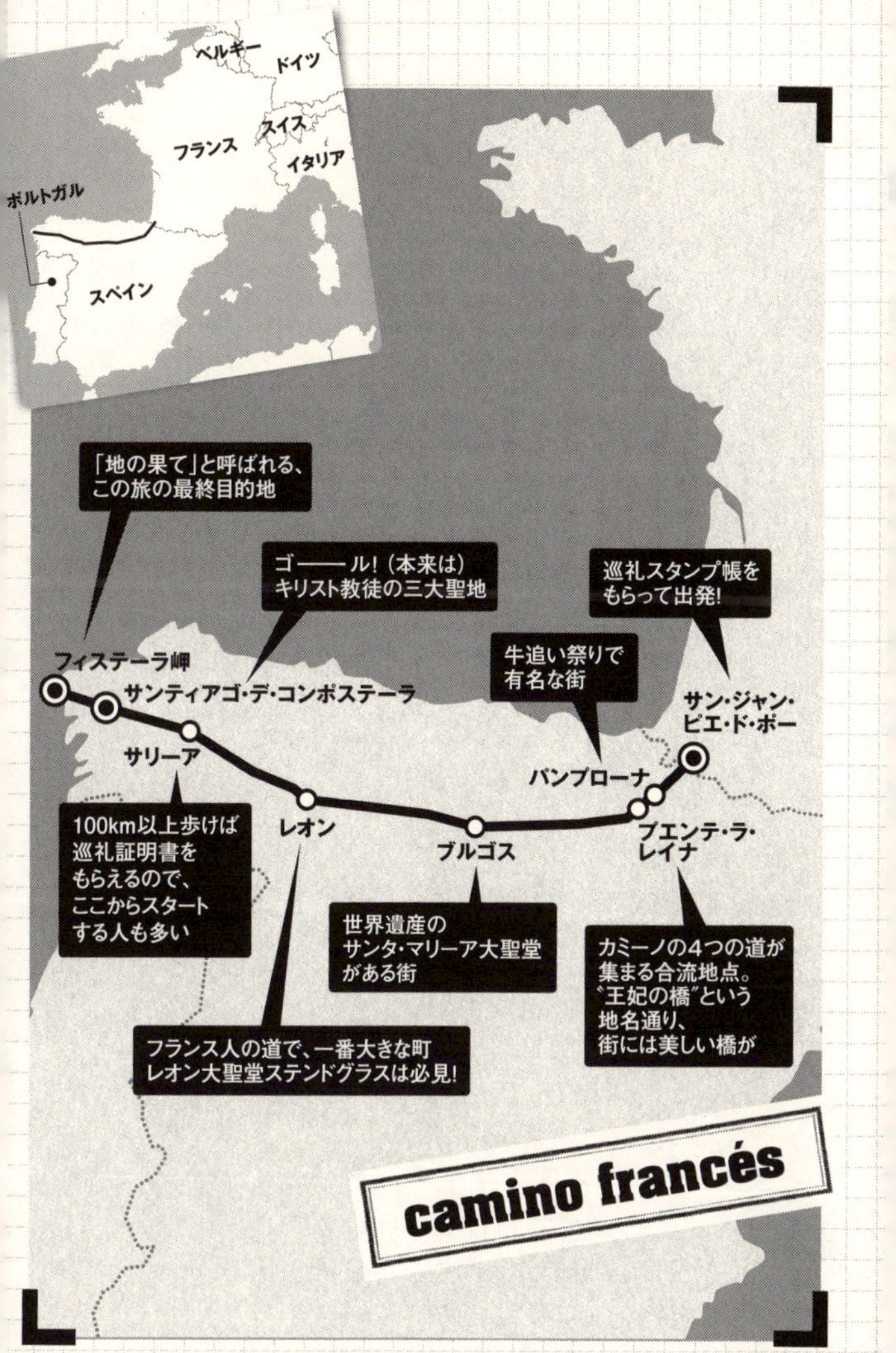
ベルギー
ドイツ
スイス
フランス
イタリア
ポルトガル
スペイン
「地の果て」と呼ばれる、
この旅の最終目的地
ゴ――ル!（本来は）
キリスト教徒の三大聖地
巡礼スタンプ帳を
もらって出発!
牛追い祭りで
有名な街
フィステーラ岬
サンティアゴ・デ・コンポステーラ
サン・ジャン・
ピエ・ド・ポー
サリーア
パンプローナ
レオン
ブルゴス
プエンテ・ラ・
レイナ
100km以上歩けば
巡礼証明書を
もらえるので、
ここからスタート
する人も多い
世界遺産の
サンタ・マリーア大聖堂
がある街
カミーノの4つの道が
集まる合流地点。
“王妃の橋”という
地名通り、
街には美しい橋が
フランス人の道で、一番大きな町
レオン大聖堂ステンドグラスは必見!
camino francés

本文デザイン　bookwall
本文 DTP　美創
本文写真　森　知子

# 目次

# まえがき　～カミーノへの道～

〝突然ですが、夫に捨てられ旅に出ます！〟

まさか自分が書いた原稿に、こんな大見出しがつけられて雑誌「ＴＶ Ｂｒｏｓ．（テレビブロス）」に掲載される日がくるなんて思ってもみなかった。

アタタタタ――ッ、ウソだろ――!? しかしいくらほっぺたをつねってみても、「マジかよ！」と叫んでみても、これはもう、まぎれもない事実でありマジであり、修正できない出来事であり……。私は37歳で間違いなく夫に捨てられ、これからスペインのマドリッドへ飛ぶことになった。

「宣誓、わたくしは、夫と職を同時に失い、〝捨てられウーマンシップ〟にのって沈みかけましたが、正々堂々と、北スペインの巡礼の道カミーノ・デ・サンティアゴ８１０キロを歩くことを誓います！（滑走路を見つめながら）」

スペインの観光名所にもなっているキリスト教徒の巡礼コースを、キリスト教徒でもない私がなぜ歩くことになったのか。それはこの巡礼にチャレンジすることで、新しい人生の第一歩を踏み出せそうな気がしたからだ。

あれは去年の秋。低迷していた私のフリーライターとしての収入が、とうとうゼロになって沈んでいた夜に、愛するイギリス夫から、

「リコンをクダサーイ」

と下手くそな日本語で言われてしまった。その半年ぐらい前から「リコン」の危機は感じていなくもなかったが、夫婦たるもの死ぬまで一緒とふんばって、明日を信じていたのにとうとうフラれた――――っ！

「女ができたわけでもない、ゲイでもない、借金でもない、それで離婚しようって言われたって分からないよ。悪いところは全部直すし、謝るよ。……ねぇ、私、今月とうとう仕事がゼロになったんだよ。今離婚だなんて、嫌だよぉ〜」

本当は好きではないと言われたことが一番のショックだった（もっと本当のことを言えば「9年間、好きじゃなかったかも」と言われてしまったのだ。あー、書いちゃった！）。でも何をどう言っていいか分からなくて、最後は金銭面などでめちゃくちゃに訴えてみたがダメだった。

そりゃ、3年ぐらい前からライターの仕事が減ってもがいていた私は、ただの疲れた中年女だったでしょうよ。毎日の行動パターンといえば、家事と買い物と公園散歩。夫が寝た後

の少しの原稿書きと、深夜のインターネットがお得意の、地味ーな妻だったに違いない。それに比べて、英語講師をやめて大きな会社で働くようになってからの夫は、日本のアフター5なんかも覚えて楽しそうだった。そんな中で「あんな枯れた珍妻《ちんさい》のことなんか好きじゃなかったかも」とか、「結婚して9年もたつのに子供にも恵まれないし、このまま一緒にいても将来が見えないかも」とか、「ハゲる前に離婚して、若い女にもっとモテてぇ〜〜！」とかいろいろ気が付いたのかもしれないよ。確かに、結婚4年目で旅に出て、2年半もふたりで世界をまわって東京に戻ってきた私たちには、特にこれといった共通の目標みたいなものもなくなっていた。

「僕たちは出会って4日で結婚したんだ。そもそもクレイジーなんだよ。それで9年も続いたんだからいいじゃない。終わりにしよう」

私たちは2000年に旅先のパキスタンで出会って、その1ヵ月後にインドのガンジス河でバッタリ再会し、それからたったの4日間で結婚を決めてしまった。確かにクレイジーだ。しか――し、長い人生山あり谷あり。そこで手をとりあって乗り越えてこそ夫婦じゃないの？　嫁がスランプに陥っている今こそ助けろよ。ところがそんな妻の叫び声もむなしく、2歳年下の夫は夏の終わりにバックパックに荷物をつめこんで「ゴメンナサ〜イ」と、私の前から姿を消しやがったのです。

その日から、私は芝生に水をやるタイマー付きの自動噴水マシンのごとく涙を流し続けた。起きては泣き、食べては泣き、トイレに入っては泣き、パソコンに向かえば【別居　復縁方法】と検索して涙を流し続けた。もう、来ないライター仕事を待っている生活的な余裕もない。大急ぎでフルタイムのアルバイトを探して、15年ぶりに会社勤めを始めた。仕事は印刷会社で人様が書いた原稿をチェックする「校正さん」。朝から晩まで無言で赤ペンを動かして、家に帰るとひとりでパスタを茹《ゆ》でながら泣いた。「あっ、もうひとりなのに、また塩をふたり分入れちゃった」と気が付くとまたそこでしょっぱい涙を流した。

淋しい、いっそ学校みたいな集団に属して泣くヒマを削りたい、でも断食道場でも留学でもないだろ……。そんな涙の日々、失われた半年間の中でただひとつ浮かび上がってきたことは、自分は旅に出てものを書く必要があるということだった。それが今の自分に残された唯一の好きなことだから。この沼から這《は》い上がれる唯一の方法かもしれないから。でも大旅行をする気力はまだないし、お金もない。……あれ、そういえばスペインの巡礼って、宿がタダだか格安だかで泊まれるんじゃなかったっけ？　あの大自然の中をひとりっきりで歩けるやつ。そうだ、巡礼にチャレンジして、このアホな中年女の、人生這い上がりストーリーごと記事にするってのはどうだろう？　旅と書くことが２ｉｎ１で叶《かな》えられそうなプランじゃん！

……いやいや待って、夫はきっと帰ってきてくれるはず。今日こそ家に帰ったら、ベランダで洗濯物を干しながら「オカエリ〜」って言ってくれるに違いない……。

夫に出ていかれてからというもの、私の脳内ではそんな〝離婚対策本部〟と〝復縁妄想大会〟が交互に開かれては消えていった。

そして８ヵ月の時がたち、最終的に強く残った今の気持ちはこれだ。

〝スペイン、本当に歩いてやる！〟　〜離婚対策本部の結論より〜

「え――っ、巡礼路８１０キロを歩くって、東京から広島ぐらいの距離でしょ。あんた、地下鉄の階段を上るだけでもハァハァ言ってるくせに――」

と言われればその通りの低血圧37歳だ。しかしそれがどうした⁉

６ヵ月の校正バイトを満了し、腹をくくって巡礼記の企画を「ＴＶ Ｂｒｏｓ．」に売り込みに行くと、ありがたいことに同誌のケータイ専用サイト「モバイルブロス」で連載させてもらえることになった。それも巡礼地からのレポートを、歩きながら毎日届けるという毎日連載。一日20キロとか、信じられない距離を歩いて、その合間に写真を撮って、毎日書く！

「ギャ――――ッ、できんのか、オレ？」

なーんてもう言っている場合ではない。〝冬眠〟しながらずっとこの日を待っていたんじゃないか！　とにかくやれよ、がんばれよ、オレ！

その毎日連載の予告記事につけられた見出しが、〝突然ですが、夫に捨てられ旅に出ます！〟だったのだ。結婚当初の私と夫の2ショットの写真まで記事に添えられて、もうこうなったら離婚キャンペーンだな。

〝さらばイギリス夫、今日からひとりでファッキン巡礼！
〜スペイン810㎞徒歩の旅〟

「ファッキン」は決して上品な言葉ではないけれど、愛すべきイギリス庶民が、日本語の「超《チョー》」みたいな感覚で使う日常語。夫もよく使っていたから、皮肉って連載のタイトルに使ってみたぞ、ファッキンイギリス夫よ！　神聖な「巡礼」との組み合わせがファッキン爽快。ゴールまで歩けたら元気にサインできるかな、離婚届♪

# 第一章　旅立ち（スペインへ！）

【巡礼出発前々日】　成田空港〜モスクワ（経由）〜マドリッド空港

記念すべき、我が人生の再スタートとなる旅の1日目はもちろん、調べた中で一番やっすい飛行機でスペインへ向かうことになった。頼んだよ、ロシア航空！　経由地はモスクワのシェレメ……（なんとかチョロチョロ、名前なんかもうどうだっていいや）空港。きれいに改装されていて噂に聞いていたよりは明るいようだけど、空港職員の女が冷たすぎる。化粧は濃いが情は薄すぎ！　フリーWi-Fiがうまくつながらなかったからカウンターに座っていた女子ふたりにたずねてみたら、

「何、この生き物!!」

という顔で無言のまま睨《にら》まれ、こっちがもう一度ゆっくりと、

「プリーズ！　このフリーWi-Fiの電波、つなげたい。どうやって？」

と、簡単な英語でききなおしても、

「ノー！」

とだけ言い放った。なんだよ、「ノー！」って。

でも機内食の、でかすぎて何回も折りたたまれているスモークサーモンのサラダや、サー

モンテリーヌはあたしゃ評価したいよ。副菜も主菜もサーモンにしてしまう愛と勇気！　あと、金髪角刈りの男による緊急脱出のクールなデモンストレーションもハラショー（ロシア語でGOOD）だった。

さっきペットボトルに水をもらいに行ったら、その金髪角刈りがアイスクリーム休憩中で、彼に、

「この残りの水、全部もらっていい？」

ときいたら「あぁ！」とアイスクリームをなめながらうなずいて、少しだけ笑った。

そんな飛行機でたどりついた深夜のマドリッド。

さぁ、もうバスも電車も走っていないから、これから優雅にタクシーをつかまえて町へくり出そうか。そしてただ眠るだけのために高いホテルに金を払おうか。

何歳になったらそんな贅沢ができるんだろうと思っているが、37歳のあたしゃ今日も、空港のベンチ泊上等！

好きです、サーモン定食♥

しかしマドリッドの空港には快適なベンチというものがなかったよ。たぶん我々を寝かせないため（?）にだと思うんだけど、横になれる長いベンチがないの！　ひとりがけのヒジかけ付きイスが、間隔をあけて意地悪く置いてあった。離れて並んだ3つのイスの上にそれぞれ頭、背中、足と、体を載せて横になってみたけれど、まるで組み体操というか人文字というかモジモジ君というか……ちっとも体が休まらねぇ。寝袋にくるまってみても、時々、公衆電話の中に小銭が残っていないか探しに来る男がふたりいて落ち着かねぇ。彼らの足音がするたびに、イスの下に置いた新しい靴が盗まれやしないか心配で目を開けた。

そんなわけで東京の家を出て40時間たっても、いまだシャワーもベッドもなし。意地悪ベンチもどきで仮眠。見ているか、夫よ！（見てない）

## 【巡礼出発前日】　マドリッド～パンプローナ～サン・ジャン・ピエ・ド・ポー

朝イチの長距離バスでマドリッドを出て、パンプローナって町までは来たんだけど、フランスとの国境へ向かうバスが出るまであと2時間もある。巡礼前からすでに足がむくんでパンパンだよ。アメ横で買ったこの防水トレッキングシューズも、デカすぎるのかキツすぎるのか、どっちだか分からないくらいに、とにかく不快。あぁ、どこでもいいから横になりたい今すぐに。

東京の家を出てから何回目の乗りかえだったんだろう？　はぁぁ、数えたくもない。とにかく最後にスペインとフランスとの国境からミニバスに乗って、やっとこさ、巡礼のスタート地についたら夕方の6時をすぎていた。この町の名前は、サン・ジャン・ピエ・ド・ポー。

長い名前だポ～。

スタート地といっても、パリやローマから歩き始める人もいれば、巡礼証明書欲しさにゴール手前の100キロだけを歩きに来る人もいて、特にここからという決まりはない。とりあえず初心者の私は一番ポピュラーなこのルート〝フランス人の道〟の、一番ポピュラーな出発地を選んだポー。

いったんパンプローナという巡礼路上の町へ着いたのに、わざわざコースを逆行してフランスに入るのも面倒臭かったけれど、この町（村?）、略してポーから始まるピレネー山脈越えはぜひともやってみたかったわけで……。

フランスとスペインとの国境からポーへ入る最後の移動は10人乗りぐらいのワゴン車だった。客はヨーロピアンを中心とした、明日から巡礼を始める人たち。「カミーノ?」と目的地を確認し合ってバスに乗りこんだ。カミーノ・デ・サンティアゴは略して「カミーノ」。隣に座ったフレンドリーなブラジル人女性は自転車巡礼者らしい。軽い挨拶トークを交わしていたら、早くも恐れていたアノ質問を、ズバリとされてしまった。

「あたしはカトリック教徒だから、昔からいろいろと興味があったわけだけど。あなたは何でカミーノに来たわけ?」

は――っっ、どうしよう、何て答えよう?

その瞬間、なぜかバス内がシーンとなって、乗客全員がこっちに聞き耳をたてているのが分かった。えっ、でも、でも……今、たまたま同じ車に乗り合わせただけの皆さんの前で、いきなりそんなことを発表？　それにこんなディープ・カンバセーションはたとえば、一緒にマス釣りに出た父と息子のごとく、ビルの屋上で缶コーヒー片手に都会の空を見上げる上司と部下のごとく、巡礼路を歩きながらしんみりと語るものだと思ってたんだけど。

「ポポポポポポポポポ……！」

いっそ「ポ」でごまかしたかった。

「うーん、観光ってゆーか、今言うのはちょっとね、ハハハ……」

動揺して嘘をつく余裕さえなかったよ。一応笑ってみたけど、顔はもんのすごくひきつっていたと思う。その冷や汗笑いのおかげか、彼女があきらめてくれたのはよかったけどね。

サン・ジャン・ピエ・ド・ポーは、よく見るとヨーロッパのおとぎ話に出てくるようなこぢんまりとしたかわいい村だったが、私はとにかく疲れ果てていた。

「あ、の、さ――っ、さっきも言ったかもしれないけどあたしー、日本からはるばるモスクワ経由のやっすい飛行機で来て、その上、昨日はマドリッドの空港のベンチで寝て、さらに今日は電車やバスを何回も乗り継いでここまで来たわけ。だから今日だけは宿代がちょっとぐらい高くてもいい、一刻も早く眠りにつきたいの。ほんじゃ失礼！」

こんなふうに主張する気力すら残っていなかったから、ミニバスで一緒だったブラジル人女性ふたりと、スペイン人男子ひとりと一緒に宿探しをすることになってしまった。

略してポー村のメインストリートは石畳の坂道だった。漆喰《しっくい》の白壁と木の雨戸の家や店が並び、そこにホテルや安宿がちらばっている。坂道を行ったり来たりして無駄にカロリー消費して3軒の宿をチェックして（お願いだから寝かせてくれ！）、チェックインできたのは通りで客引きをしていた4軒目のおばあちゃんの宿だった。ふ〜〜ぅ。

ここで我が友（といっても数時間前に知り合ったばかりだけど）をご紹介しよう。さっき私に巡礼の理由を直球できいてきたブラジル人女性がレーダ（42）、それからもうひとりのブラジル人女性がリタ（50）、そしてバルセロナからやってきたスペイン人男子が私とタメ年のハビエル（37）。私以外の3人はすっかり打ち解けているようだったからてっきり友達同士かと思いきや、パンプローナへ向かうバスの中で知り合ったばかりとのこと。とにかく全員、中年のひとり旅だった。

「ディナーに行く前にこの村を観光しておこうよ。さぁ、城塞を見に行くよ、トモコ！」

はぁ？　今から観光？　シャワーは？　しかしこの誘いにも、さからうよりは流れにまかせたほうが消費カロリーは少なそうだった。城壁、階段、パノラマ、写真撮影。これらの業

4人で宿探し＆値段交渉。今日はもうどこでもいいべ～！

サン・ジャン・ピエ・ド・ポー。現地でそれっぽく「サンジョァ～ン！」とか言ってみたけどまるで通じねぇ～！

務を終えてレストランに入った時はどんなに嬉しかったことか。ひ〜〜っ、やっと座れた。

ワインで乾杯して、注文したトルティーリャ（スペイン風オムレツ）やサラダを食べ始めたらだいぶ生き返ってきた。そのスキをねらってまたレーダがきいてくる。

「ねぇトモコ、だからあんたは何で巡礼なのよ？」

「それは、……魂の救済と罪の浄化です」

「ノー、ノー、冗談やめてよ。言っとくけど、リタもハビエルもカトリックなのよ」

そうか、みんなこう見えてもちゃんとした（！）宗教心があるまじめな巡礼者なのね。

私はすべてをあきらめて、おそるおそる本当の理由を話し始めた。会ったばかりのこの人たちに。思えばこんな英会話もイギリス夫に出て行かれて以来久しぶり。今回の別居話を英語バージョンですするのも初めてだ。夫婦での旅行中、旅仲間とこうして英語で話す時は、イギリス人の夫が当然のごとく喋《しゃべ》り担当になっていた。日本人妻の私は、彼の横に座って漫才コンビの目立たないほうのごとく「そーなんですよ！」「ホント、ホント！」などと合いの手を入れるだけ。それがこんな形でソロデビューすることになるとは！

私が話し終わると、レーダはニヤニヤしながら、リタとハビエルにポルトガル語とスペイン語で内容を伝え始めた。もーっ、訳すほどの話じゃないっつーの！　しかし、

「あらま、大変だったのねー」

なんて同情をいただけるかと思いきや、3人ともクスクスと笑いだすではないか。

「ハッハッハ、そーなんだ、そーなんだ、捨てられたんだ！」

レーダが嬉しそうに言う。なんだよ——ぉ。

「ハハハ〜、ごめんごめん。実はね、このリタも、15年連れ添ったふたり目の夫に去年出て行かれたんだよね。まだ指輪なんかしてるけど実際は、もう〝シングル〟マザー。高校生の息子と娘がいるんだよ。それからハビエルも5歳のかわいい娘がいるけどこないだ離婚したばかりだって。私も7年間結婚してたけど、数年前からバツイチで——ッス！」


「え——————っ！」

ちょ、ちょっと待ってよ。今のセリフの中に何回 divorced（離婚した）って単語が含まれてたよ！　今ここに座ってる4人とも、全員、バツイチなの？　いや、リタはもうすぐバツ2、私はまだバツイチ待機生ですけども——。

「さっきバスの中でこのことが分かって、オレたちビックリして3人で驚きまくりだったんだよ。だけどまさかキミまで……」

ハビエルがスペイン語でそう付け足すとリタも笑い声をあげながら言った。

「ウェルカムトゥ、バツイチワールド♪」

偶然のバツイチ×ディナーパーティ。バツイチがバツイチを呼ぶバツイチ友の会。ひとしきり驚きあったあとはもう、全員で笑うしかなかった。離婚騒動以来、初めて笑ったかも。

「しかしよりによって4人とも……フフフフフ」

「考えること同じ……ククククック」

「こんなとこ来ちゃって……ハハハハハハ」

「……オーマイゴーッド！」

全員あきれ顔、困り顔。おでこに手を当てたり、お手上げのポーズをやってみたり、外に目をやってみたり……どんな顔をしていいのか分からない。言葉が出ない。だけどその中でほんの少しだけ交わされる、「お前もここに来るまで結構泣いてきたんだね」「バッカで〜い、巡礼なんか来ちゃって」って感じのアイコンタクト。ギュッと抱きしめあえないテレ臭さ。ニヤけてしまう顔と顔。いろんな可笑《おか》しさや気持ちがまじりあって収拾がつかなくなり、最後は結局、4人同時にワイングラスを掲げた。

「ブエン・カミーノ！（よき巡礼を！）」

まるでひと昔前の木曜夜10時台の大人向けドラマ、第1話のエンディングって感じじゃないか！　あたしゃ大人の女・高島礼子か、誰が田辺誠一か、佐々木蔵之介か！

こんなに完璧な、でもくすぐったい乾杯は初めてだった。

まさかのバツイチディナーを終えて宿に戻ると夜11時すぎ（やれやれ）。

「というわけで私は明日もう1日、この町で休んでから行きますわ〜」

明日出発するバツイチトリオに別れの挨拶をしていたら、隣の部屋から出てきたマダムに
「静かにしてちょうだい！」と怒られてしまった。

「す、すみません！」

その時は丁重に謝ったんだけど、その後、シャワーをあびてドアを開けたら、またそのフランス人らしきオババ（推定55歳）が立っていて、

「シャワーの音が私の部屋まで響いて眠れやしないじゃないの！」

と目を吊り上げて言われてしまった。ソ、ソーリー。白髪頭を、マッシュルームカットに切りそろえた痩《や》せ型のオババ。しかしここは宿の共用トイレ。それなのにオババはそのあとも、誰かがトイレに入るたびにいちいちドアの外で待機して、フランス語訛《なま》りの英語でキーキーわめいていた。こっちこそ眠れやしないじゃないの！　私がオババに訴えに行くと、騒ぎを聞きつけたリタもレーダも、ほかのお客3人も、部屋からごそごそと出てきた。

「明日から私はカミーノを始めるから5時に起きるの。なのにあなたたちがこのトイレとシャワーを使うから、うるさくて眠れないのよ！」

オババはまゆ毛を吊り上げて、私を睨みながら言う。私とレーダは一応「ソーリー」とい

う言葉をはさみながら、この自己中きわまりないオババに説得を試みた。しかしオババは、

「ソーリーソーリーって、言うだけなら簡単よね。あー、やだやだ。あなた、日本人よね？騒ぎたいならこんなところにいないで、シャンゼリゼ通りにでも行けばいいじゃないの。日本人って、パリがお好きなんでしょう？　アハハハ〜〜」

にくたらしい笑い声をあげて、日本人全体までバカにしやがって被害者ヅラ。オババの英語が聞き取れないリタが何度も「ケ？（何）」とスペイン語でききかえしていると、

「何かあるとすぐこうやってケ、ケ、ケってとぼければいいと思って。スペイン語っていったい何なのかしら、嫌いだわ！　とにかくもうトイレには入らないで」

っておいおい、ここはお前の家か！　どんだけ勝手なんだよ、キノコ頭のキノコババア！

「シャタ――ップ！！」

怒りの拳《こぶし》のかわりに私はオババに向かってそう言い放ち、「プリーズ」と小さく付け加えた。

「マダム、頼むから声を低くして下さい。このトイレは共用だから誰でも何時《いつ》でも使っていいんです！　第一、1個しかないんだから時間差で譲り合うほかないでしょう？　それがいやならあなたこそ、高級ホテルにでも行けばいいでしょ。明日からカミーノを歩くのはあなただけじゃないんです、ここにいるみんななの。それからついでに私たち全員が思っている

ことを教えてあげましょうか。はっきり言って今、この宿で一番うるさくて迷惑なのは、あーなーたですよ。……ハイ、じゃもうあとは黙って部屋に戻って下さいな。グッナイ（英語）、ボンニュイ（仏語）、ブエノスノチェス（西語）、ブエン・カミーノ〜♪」

は――――っ、スッキリした。私が喋っているあいだもオババは2秒と黙らず、自分の主張だけをギャーギャー繰り返していたけれど。しかし私も、よくこんなに勢いよく喋れたもんだよ。半年以上も続いた我がサイレンス期がついに終わったのか。ラマダン明けならぬ、離婚苦明け？　バツイチディナーといい、この件といい、カミーノ前夜にして、以前の元気な（うるさい）自分の復活をチラチラと感じるが、どーなってんだ⁉

しかし朝起きると、またトイレのドアをノックしてわめき散らしているオババの声がした。ありゃ病気かもしれんな。まぁでも、あのヒステリックオババにも、私とは違う理由で巡礼が必要なんだろうよ。

寝不足で、体の疲れもまだだいぶ残っていたが、

「トモコ、行くよ――！」

昨日の別れの挨拶なんてまるでなかったかのように友に誘われると、もう断る気もなくなっていた。いいよ、今日から歩いてやろうじゃないの、カミーノ・デ・サンティアゴ。

道草カミーノ① 泣き人間

夫との別居から今日までの8ヵ月、まぁ本当によく泣いた、泣いた。

ひとりになった家はただの私の泣き道場であり、泣き巣と化していた。部屋の隅には涙をキャッチするための雨どいならぬ、涙どいが必要だった。ソーメン流しの竹筒の上で泣けたらいいのにとさえ思っていた。

毎晩、仕事から帰り家のドアを開けた瞬間に、涙をがまんすることから解放される。

「うぅぅぅ――――――っ」

まずは思いっきり泣く。そしてそのあと水を飲もうとキッチンに立つと、「あれ、イギリスから持ってきたバターナイフがない！　もしや……」などと気が付いてドキドキしながら居間へ行き、案の定、夫の荷物が留守の間にまたごっそり消えている現実を見せられる。

そこでさらに「え――――ん」といい年こいて子供みたいに泣くのだが、これが我ながら妙に芝居がかっていた。夫の名前を「〇〇――ッ」と口に出して泣きながら洗面所へ走って鏡と向かいあい、洗面台に両手をついてかがみこんだりして（妊娠か！）。でもいくら泣いたところで誰も助けに来てはくれないことを知るとまた涙。仕方ないからのっそり起き上がってみると、やつれきった自分が鏡に映っていてまた号泣。ヒマだよね～！

　ひとりぼっちのクリスマスは、とんねるずの特番に出ていた幸せを絵に描いたような哀川翔ファミリーを見て泣き、大晦日《おおみそか》は泣いていたら紅白のサブちゃんを見逃して泣き（?）、元旦は「あけましたおぬでと。はつもうで、やすくに」という夫からの呑気《のんき》な携帯メール（オレは新しい人生エンジョイしてるぜ！　的なアピール）を見て泣き崩れた。おぬでと。

　これまでに経験したことのない動揺、グワッと心臓の中に手を突っ込まれたかのような痛み、悲しみというのかね。この世で一番自分をさらけ出してきた相手に「ノー」と言われたことと、生涯の相棒だと思っていた〝家族〟に拒否されたショック、絶望感、孤独……。ホント、たかが離婚ぐらいで今となっては恥ずかしいんだけど、悲しい場面、たとえば夫が出て行った日の夕方のシーン（ハイライト）をリプレイしたりスローにしたり、1カメ2カメといろんなアングルからの映像を回想し直したりしてしつこく泣いた。あの痛いセリフ、「9年間、好きじゃなかったかも」は今でも涙の傷跡として雨の日には痛むかも。少し。

　こうやって、ネガティブな出来事まであれこれ分析したり、妄想劇場を盛り上げてしまうクセ、早く直したいんだけどね。夜、ひとりで布団に入ると、天井に浮かび上がるホタルック（蛍光灯）がどうしようもなく哀しかったっけ。

　家での友達はすっかりパソコンになってしまい、何かいいことが書いていないかと毎日占いサイトばかりチェックしていた。心配した友達がくれた自己啓発っぽいDVDは、内容よりも登場人物が「これを見ているあなた！」とか言って私に語りかけてくれるシーンに救われる思いだった。本は、それまで趣味の圏外だった恋愛小説や詩集、優しいイラストブックにばかり手を出していた。なぜか私の中で関口知宏ブームがやってきて、こんな人に癒されたい、こんな優しそうな人が夫だったらよかったのに〜と思いながら泣いていた。

この涙に終わりはあるのだろうか。バツイチの親友に一度きいてみたことがある。まるで子供の頃、自分より先に注射を終えた友達に「痛かった？」ときいた時みたいに。

「うーん、涙が完全に乾くまで1年半はかかったかな」

1年半も？

確かに私も、春が過ぎたあたりからはだいぶ症状はおさまって、今はほとんど泣かなくなったが、まだ予断は許せぬ状況だ。

それから分析ついでにもうひとつ言うと、私がなかなか別れを受け入れられなかったのは、彼への〝愛〟とかいうよりも、37歳で今さらひとりになることに対する〝恐れ〟のほうが大きくて、とにかく結婚を手放したくなかったんじゃないかなぁと、今は思うよ。

早く私も、離婚直後に成田空港で報道陣に囲まれた時の藤原紀香みたいに、「いえ、もう、未来形で！」と、両手で小さい前ならえをやりながら微笑《ほほえ》んでみたいものです♪

# 第二章　ピレネー山脈を越えて（迷いながら！）

## 【一日目】サン・ジャン・ピエ・ド・ポー〜ロンセスバイエス（歩行距離 26㎞）

「昨日のトモコとあのクレイジーババアのバトル、笑ったわ〜！」

朝食の席でリタとレーダに昨日の賛辞をいただき、まんざらでもない私。多くの巡礼者は朝6時に起きて出発するらしいのだが、私とレーダとリタがゆっくりと朝食を食べ、昨日のキノコババアについて再び怒り、笑い、ガヤガヤと宿を出たのは10時前だった。

「知らないの？　今日は全行程26キロ、ずっと山歩きで途中にほとんど店もないのよ。何かフルーツでも買っていかなきゃ！」

装備の準備で精いっぱいだった私とは違って、レーダはコースについてもちゃんとガイドブックを読み込んできているようだった。彼女は自転車巡礼だが、今日のピレネー越えだけは自分の足で歩いてみたいんだそうだ。彼女の自転車を今日の目的地であるロンセスバイエスまで車で送ってもらうついでに、私とリタのバックパックも積んでもらった。バックパックのデリバリーサービス、ひとつにつき5ユーロ也。カミーノ一の難関といわれるピレネー越え、しかも初日の26キロを、大荷物なしで歩けるなら払いますよ、5ユーロ。

しかし荷物発送やら買い物やら、このふたりといるといちいち時間がかかるな。私たちを無視して早朝出発したらしいスペイン人のハビエルは賢いわ！

「ハビエルって、ちょっといい男だと思わない？　でも13歳年下だから、ちょっと若すぎるかな～、テヘヘ～」

もうすぐ正式にバツ2になるリタはそんなことを言ってニヤニヤしていたが、そんなことより私は先行きが心配になってきた。10時をすぎてもまだ村をウロウロしている巡礼者って、私たちぐらいじゃないの？　日が暮れる前に歩き終えられるのかよー……。

村の門を出て少し小道を歩いていくと、あっという間に住宅がなくなり、山道に入っていた。山道といっても高い木はポツポツとしか立っていない、明るく牧歌的な風景。なんだか合唱部になって山や牧場について歌いたいグリーン・グリーンな風景だ。牛やヤギの群れに「オラ～！（やぁ）」と声をかけながら舗装された道を登っていくと、ずっと遠くの山や集落まで見渡せた。ヤッホ————ッ！

「あたし、ハビエルみたいなガッシリした男って好きなのよね。あのハゲもセクシー」

昨日からリタはもうこのセリフを3回以上は言っている。そんな彼女に、

「ところでリタ、1番目の夫と2番目の夫ってどっちが好きだったの？」

ときいてみたら、横からレーダが新たなリタ情報を流しこんできた。

「トモコ、いい質問！　実はリタね、こないだ1番目のダンナとふたりだけで会ったんだって。そしたら結婚していた時より断然……ね――っ？　プハハハハ！」

プハハハハ！　こーゆー話は分かっちゃいても、「断然……何よ〜ぉ？」なんてとぼけて本人に言わせるのがお約束ってものだ。

「グハハハッ、ともかくこないだ10年ぶりぐらいに会ったら何かそんなことになっちゃって、しかも人間的にも成長してたんだよ、いろいろとー。よりを戻す気なんかもうないけどさー。レーダはほれ、今まで付き合ってきた男の中で、どの国の男が統計的に一番良かったかをトモコにも教えてあげなさいよ」

「あ、あれね。フフフ。トモコはどの国だと思う？　当ててみなさ〜い！」

さわやかなピレネー山脈を歩きながら、そんな話で忙しかった。昨日会ったばかりなのにこんなにフィルターなしでスラスラとトークが流れるのは、やっぱりふたりがラテンの女だから？　それとも旅人同士だから？　下品だとはまったく思わない。ただ、オープンなだけ。

「トモコ見て！　カミーノでもしものことがあったらって、友達からコンドームを持たされたの、5つもよ。それがメイドインジャパンなの。1個あげよっか？」byリタ（50）

あ〜、何てすがすがしい。すがすがしくはないのかもしれないが楽しい。スカしたムッツリスケベなんかよりずっと話が早くてラクだわ。互いにカッコつけ合う必要もなく、カン違いな敬語の押し付け合いもなく、それぞれが言いたいことを言って笑う。イタリア男を絶賛するレーダは、通りかかったイタリア男に気さくに話しかけることも忘れない。

そうして私たちは後ろから来た巡礼者たちにどんどん追い越されていった。

毎時間ごとに5分程度の休憩をとり、お昼には1時間のランチ休憩。貝殻印と黄色い矢印がカミーノの道しるべであることぐらいは予習してきたが、今日はレーダとリタについて行けばいいからカンタンだ。そのかわり、私が時々スピードをあげると「ペース配分気をつけて〜」と止められる。その結果、午後3時をすぎたあたりからレーダとリタは、

「あんまり遅くなるようならヒッチハイクだねー」

と言いだした。おいおい、ちょっと待ってよ。あたしゃ初日から車になんか乗りたくないよ。サンティアゴ・デ・コンポステーラまで歩くつもりで来たんだから。それだけは譲れないと思い、ふたりを置いて私だけ先を急ぐことにした。

のどかすぎるフランスの風景が、ここからそう遠くないところに住んでいる夫の両親の家

周辺を思わせた。イギリスからフランスの田舎に移住した彼らの家には、旅の途中によく長期滞在させてもらっていた。そう、こんな感じの山、緑、風の音……。歩いていると今にも彼らが車でやってきて、いつもみたいに「あらトモコ、これからマーケットへ行くけど乗る?」とでも言ってきそうな風景だ。姑《しゅうとめ》たちとは、夫が出て行ってから何度かメールのやりとりをしたけれど、結局心配をかけただけだったと思う。もう二度と会うことはないんだろうか。あのフランスの家じゅうに飾られた私たちのスナップは、いつ外されるんだろう……。

「あんた、ここはカミーノの道じゃないよ」

ひとりでもの思いにふけっていたら、前方からやってきた一台の車に止められた。オーマイゴッド! ちょっと不審には思っていたけれど、誰もいないし何の案内板も出ていないから確かめようがなく(案内板がないことが何よりの、〝ここはカミーノエリアではありません〟という案内板だったの!?)、もう少し歩けば何かあるかもと思ってしまった。どちらに行くか迷った分かれ道からかれこれ2時間近く歩いたはず。これ、全部引き返すの――?

とぼとぼと来た道を歩いていたら、後方から車がやってきてくれたのは何十分後だっただろう。フランス人の農夫に分岐点まで車で送ってもらったら、そこにはサルでも分かるようなカミーノの道案内が出ていた。

昼寝用ブラジル国旗を見せびらかすレーダ（右）とリタ（左）。
こんなことばっかやって、どんどん皆に追い越され……

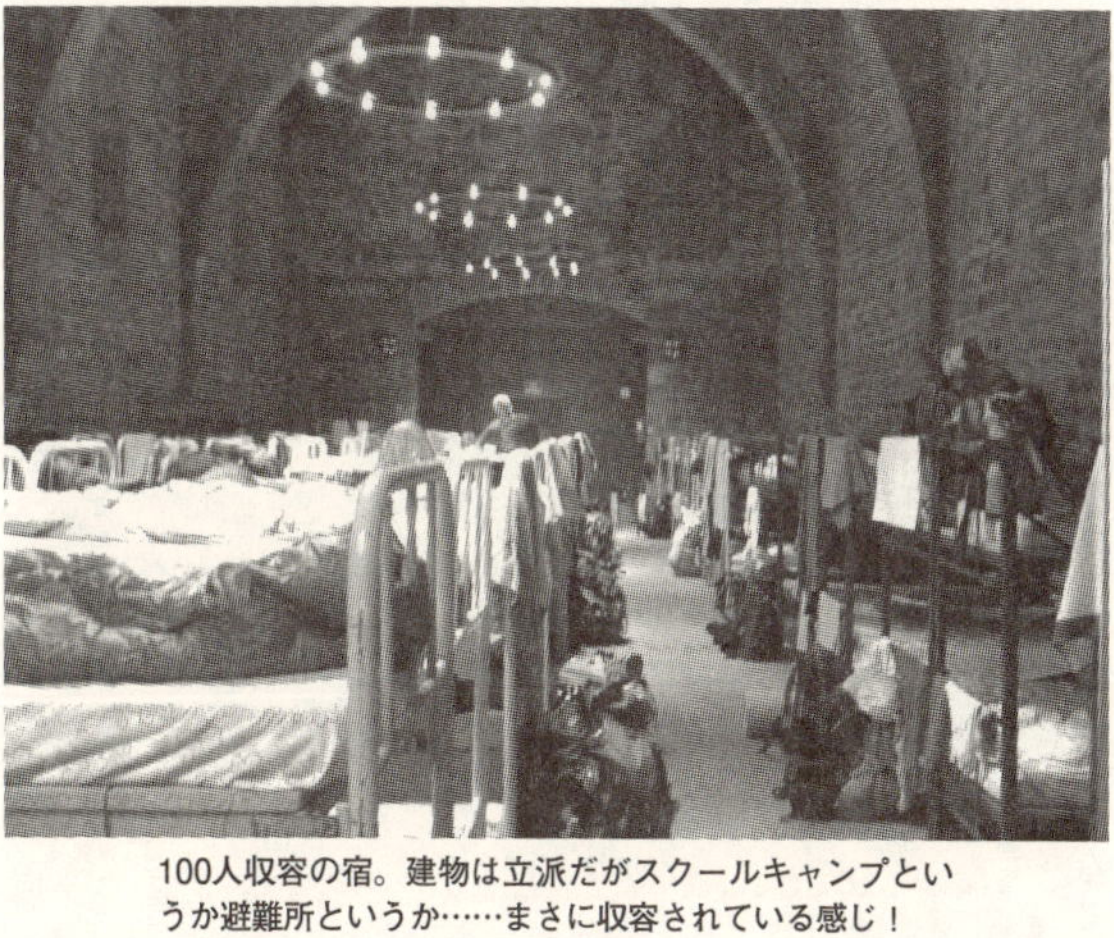

100人収容の宿。建物は立派だがスクールキャンプというか避難所というか……まさに収容されている感じ！

「あれ――、なんでトモコがまだここにいるの――？　ハハハ～」

結局、ヒッチハイクもせずだらだら歩いてきたふたり組と、戻ってきた分岐点の先で悲しい合流。ふたたび3人で歩いて山を下り、本日のゴールであるロンセスバイエスに着いた頃には日が落ち始めていた。時刻はもう夜の8時前。3人で「やった――！」とハイタッチしながら村に入って、26キロを10時間かけて歩いた初日が終わった。

「シャワーは8時半、レストランは9時で閉めます。急いで！」

本日は巡礼者を100人も収容できる宿。昔は教会だった建物なのだろう。だだっ広い空間に2段ベッドがズラーッと並んでいる様は圧巻だった。ベッドとベッドのあいだを歩いてみると、巡礼者たちの湿布薬やマッサージクリームのメントール系のにおいがプンプンする。受付に座っているボランティアのスタッフはなぜか全員オランダ人で、まるで修道院かカトリック系スパルタ男子校の寄宿舎の寮長のようにきっちりとしていた。

「何ですって？　8時半でシャワー終了って、あと15分しかないじゃん。あたしたち、今着いて、全身汗びっしょりで洗濯もしたいんだけど。もう少し、時間もらえますよね？」

レーダがお得意の直球でお願いしても、

「ダメです、ルールですから！」

絵に描いたような完璧主義のオランダ人っぷりと、正反対なブラジル人との嚙《か》み合わなさが見ものだった。しかし交渉の余地はなく、〝メシ優先、シャワー断念〟の道を選ぶしかなかった私たち。大急ぎでレストランへ走り、さっきのオランダ人たちのものまねをしながらワインを飲み、ポテトや魚のグリルを食べあさった。あ〜、昨日から息つくヒマがないな。

レーダは食事中も、隣のテーブルに座っていた日本人女性の細〜いアニメ声にウケまくって、私に「何でそんな珍しい声なのかきけ！」とうるさかった。けれど彼女はこれまでの恋愛ヒストリーについて話してくれた今日のカミーノ中、「その中で一番好きだったのは誰？」と私がきいた時だけ、うつむいて淋しそうな顔をしていたのだ。「今話した中にはいないわ」と言って。

レーダの最愛の人は二十歳《はたち》の時に付き合っていた彼氏。レーダの離婚後に偶然再会して、また付き合うようになった。リオ・デ・ジャネイロでカヤックの選手をしていた彼は、オリンピック出場を目指してトレーニングに励み、レーダがそれを支えていた。

「でもその彼がね。2年半前の私の誕生日に、心臓発作で突然死んじゃったの。いきなりよ！　だからもう自分の誕生日ってものが大嫌いになっちゃった、大嫌い！」

靴のヒモを結び直しながら話してくれたレーダの瞳がうるんで見えた。

夜10時。時間ピッタリに電気が消えた。汗臭い服のまま横になっておやすみベイビ〜♪

## 【2日目】ロンセスバイエス～スビリ（歩行距離 22㎞）

野戦病院のような巨大宿、つまり巨大アルベルゲは1泊で追い出されてしまった。あそこにもう1泊しても疲れはとれなさそうだったけどね。アルベルゲ（albergue）はユースホステルのようなスペインの簡易宿で、カミーノエリアでは巡礼者宿の役割をしている。そのせいか宿泊料はスペインのほかの都市のそれと比べると格安で、昨日が6ユーロ。相場が7～8ユーロらしいからさらにお安いけれど、そのかわりにトイレもシャワーも男女共用だった（混浴じゃないよ！）。利用はひとり1泊が原則で、今朝は朝9時までに出ていけと急《せ》かされたよ。村には、フツーのホテルも何軒かあったんだけど、どこも高いから休養は断念して今日もカミーノ続行決定！ 連泊とか昨日のシャワーとか、あきらめ続きだな。

今日からレーダは自転車カミーノの旅へ。彼女を送り出してから私とリタが見たものは、サンティアゴ・デ・コンポステーラまであと790キロというでっかい看板だった。ひ――っ、やる気出るよね～（出ない）。

森の中の小道でリタと休憩していたら、中高年3人組がやってきた。

「ブエン・カミーノ！（よき巡礼を）」

　この挨拶も、2日目だからだいぶ慣れてきたな。3人がポルトガル人だというのでリタは喜んで、一気にポルトガル語で喋り始める。リスボンから来た三兄妹の兄妹巡礼！　上から長男のアメリコ66歳、次が長女のマルタ64歳、そして3番目が次女のテレザーニャ62歳。

　あれ？　よく見てみるとこのおじさん、……失礼、アメリコって、昨夜《ゆうべ》、私と陸続きの（！）隣のベッドでいびきかいて寝てたおっちゃんじゃないの？

「シー、シー、シー（はい、はい、はい）。キミ、私の隣で寝てた日本人だよね？」

　彼も気が付いたようだった。昨日のあの巨大アルベルゲ。2段ベッドが2台ずつぴったりとくっつけてあったのだが、男女のエリア分けなどないところがすごかった。指示されたベッド（2段ベッドの下段）に行ってみたら、私の隣で、まるで私の夫（もういないけど！）みたいなポジションで、おっさんが寝ているんだもん！　まるでダブルベッドをシェアしてるのとほとんど同じ状況で！　一瞬引いたが私はおっさんに背中を向け、やや気を遣いながら小さくなって眠ったのだ。だから今朝はお互いに何となく気恥ずかしくて、事務的に挨拶を交わしただけだったのだ。そうだよね、アメリコ？

　年齢66、64、62歳の兄妹は3人とも、とても60すぎとは思えない健脚ぶりだった。〝皇潤〟

日焼け対策万全。ガッツポーズなんかしているが、左の
肩ストラップが思いっきりめくれたまま歩いていた私

ポルトガル三兄妹。それぞれに家庭や孫を持った兄妹が
この年代で集合してカミーノを歩くなんて素晴らしい！

でも飲んでるのか、それとも〝グルコサミン〟か〝黒酢〟か。聞けばカミーノは2度目で、前回はリスボンからサンティアゴへ向かうポルトガル人の道、610キロを3人で踏破したらしい。

カミーノ経験者の彼らは、スペイン語やカタコトの英語を使って私にあれこれと世話を焼いてくれた。荷物の背負い方、歩き方、休憩の取り方、虫刺されの治療、もっと食えとか休めとか……。荷物は言われた通り、肩と胸前、腹前のベルトをしっかり締めて密着させるだけで、体がびっくりするほどラクになった。私の荷物の背負い方は相当まずかったようで、肩ヒモが肩に食い込んで肌が赤くはれ上がっている。昨日の宿でやられたと思われるダニの刺され跡とあわせて、かなり痛々しい感じになっていた。

「ひどいダニだ。ほら、この軟膏をつけて。かぶれたところは別のクリーム。モチーラ（スペイン語でバックパック）の肩ヒモにはタオルを巻いて、当たりをやわらかくしよう」

「兄さん、タオルならあたしのがあるわ。トモコ、お腹《なか》が空《す》いていなくてもこのチーズをかじっておきなさい。いつもより動いているんだから、意識して食べないと体が持たないわ」

「水分ももっととって。トイレを面倒臭がって水を飲まないでいると、後でバテるからね」

娘みたいに世話を焼かれて、何だか嬉し・恥ずかし・テレ臭し。心臓のあたりがぽわーんとあったかくなったような気がした。何でこんなに親切にしてくれるのかしら〜？

午後からは完全なる山歩き・ジャングル歩きになった。三兄妹と私とリタの5人で山の中へ入っていくと、どしゃぶりの雨が降り出した。悩んだけど、ジャケットと靴を防水にしておいてよかったよ。幅1〜2メートルの森の小道は水たまりだらけで、よけて歩いても靴底がヌルッと泥の中に入り込んでいく。ぬかるんだ坂道は三兄妹が貸してくれた一本の杖がなかったら、すべって歩けなかった。てゆーか、これだけ雨が降っても皆さん歩かれるんですね？　雨は時折、バケツの水をひっくり返したように激しくなった。

「うわ——っ！」

小さな屋根が付いているカミーノの案内地図を見つけ、私と三兄妹はそのひさしの下に身を寄せた。そして彼らは雷がゴロゴロと鳴る中、目を閉じ、声をそろえて祈り始めた。

「ナントカカントカナントカ……アベマリア……」

嵐の中、雨に打たれて祈る三兄妹。雨よやんでくれと願っているのだろうか。違うだろう。なんとか22キロ地点のスビリという町にたどりついた時には全身ふやけてボロボロだった。それなのに雨もあがったからあと5キロ歩こうだなんて、信じられないよ三兄妹、そしてリタ。彼らの誘いを振り切って、最年少の私だけが脱落させてもらった。だってもうムリ！

全身濡れぞうきんのような体でアルベルゲへなだれ込むと、新しくて広い9人部屋になんとひとりきり♡　やった、熱いシャワーも最高だぜ！　でも足がガクガク……もう、歩けない。

《今日教わったことメモ》

テレザーニャ（62）「荷物は体重の10パーセント以下、あなたは5キロにしなさい」

マルタ（64）「私たち兄妹に、昔うちの父が言ったの。結婚というカードは、開けてみないと分からないって。私は結婚42年目。今までいろんなことがあったし、夫にムカッとくることなんか今でもしょっちゅうよ。でも結婚は相手を思いやることが大切なんじゃないかな。ほめてあげるの。……あら、トモコはそれができなかったと思ってるわけね？　じゃあ、次、彼氏ができたらそうしてあげればいいじゃない」

アメリコ（66）「ポルトガル人の道を前回歩いて思ったんだけど、僕はふたつのモチーラを背負って歩くのがカミーノだと思うんだ。ひとつは出会った人たちからもらったものを入れるモチーラ。もうひとつは人にあげるものを入れておくモチーラだよ」

こんなステキな言葉たちをオブリガーダ！（ポルトガル語でありがとう）今日はこの三兄妹からもらったものが多すぎて、私のモチーラはパンパンだ（もらったお菓子やドライフルーツなど、物質的にも！）。私が人にあげられるものなんてあるんだろうか。分からないけど、これから誰かにあげられますように（↑素直！）。

## 【3日目】 スビリ2泊目（移動なし・0㎞）

朝10時すぎに起きたらモーレツに腹が減っていたが、宿の朝食はとっくに終わっていたため、町唯一のスーペルメルカード（スーパーマーケット）へ。小さな店内を見回して、「サンドイッチは、……なさそうですよねぇ？」ときいたら店のおやじは「ノー」と言ったんだけど、そのまま黙ってパンを切り、マシンでチーズをスライスし始めた。

「まぁ、チーズとハムのサンドイッチを作ってくれるのね！」喜んで言ったらハムもスライスしてくれたよ。どっさりバゲットにはさんで渡してくれた、2・85ユーロ。

「だって、そんな風に言われたら作らないわけにいかないだろう。俺はスペイン人だ」とか何とか、たぶん言っていた、笑いながら。もごもご。やたらウマイ。

教会の鐘の音で朝6時に目が覚めた以外はよく眠れたけれど、昨日の雨と疲れで全身弱りきってガタガタのため今日は休んでしまえ！　本日休業、カミーノ欠席。

一晩寝て起きたら階段を上るたびに、足腰がズキズキと痛み、唸《うな》りだした。ほかの巡礼者たちも「うぉ――――」「イテテテ」「オー、ノー！」「ジ――ザス、クライスト！」……いろいろな雄たけびをあげて、スローなカニ歩きで階段を上り下りしている。

そんな体で出発した皆さんはご立派だけど、あたしゃー今日の今日だけは休ませてもらうよ！（やる気）靴だってまだ乾かない。


お昼すぎに私の向かい側のベッドにやってきたトルコ人のガブリエルは、来るなり一気に喋りまくった。金髪の藤山直美というか、とにかくパワフルな55歳のトルコ人マダム。

「カミーノは2回目。前回は4年前に離婚した後、ゴールまで100キロぐらい歩いたから、今回はもっと手前から歩いてみようと思って来たの。あら、あなたも離婚巡礼？

あたしの夫はね、私の友達と浮気したの。ひどい話でしょう？　10も年下の女。うん、もちろん彼女と私の、薄い友達関係は解消よ。

うちの夫は典型的な古いトルコ男で……そうそう、口ヒゲ生やして、服なんか私がいくらすすめてもグレーとか黒しか着なかったくせに、ある時から緑のジャケットにオレンジのシャツ……オレンジよ！　なんか着るようになっちゃって。用もないのに〝ちょっとイスタンブール行ってくる〟ってそればっかり。分かりやすい男でしょ？　それから私と離婚してすぐに、そのイスタンブールの女と結婚したんだけど、たったの4年で離婚してやがんの。まぁそんなの知ったこっちゃないけど、問題はこないだなんと、ずうずうしくも私に復縁をせまってきたのよ、信じられる？　しかも姑まで付き添わせて私を説得しに来ちゃって……あー気持ち悪っ！　最近、娘から復縁してって言われるのがつらいんだけど、あたしはぜったい復縁なんて無理。冗談じゃないっての！」

うん、確かにそんな浮気男と復縁なんかしたくない。

でも想像すると楽しかった。先のとがった革靴をはいた典型的なトルコ人のオヤジが、オレンジ色のシャツを着て鏡の前でヒゲを整える姿を。仕上げにはトルコ人ご愛用の香水、コロンヤをたっぷりかけて浮かれるんだろう。彼女とはどんな店でチャイをすすっていたんだろうか？　ムフフ。……いや、このガブリエルはそんな夫に傷つけられて泣いたんだ。2回もカミーノに来なくちゃならなかったんだよ、バカ夫め！

ディナーは宿のメヌー・デル・ペリグリーノ（巡礼者メニュー）に参加してみた。前菜の野菜スープも揚げたての白身魚のフライも自家製プリンも素晴らしかった。ワインもついて11・5ユーロ。宿泊料とたいして変わらない値段がちと痛かったけど、休日だし、いっか。

私たちのテーブルは女5人だった。ほかの宿から食べに来ていたイディットは南アフリカ人の40歳。社交的で人の話を聞くのが上手で、時々ジョークをはさんで場をやわらげる。いかにもふだんバリバリ働いてそうな感じだなぁと思ったらアパレル関係の女社長だった。

「南アフリカは今年（2010年）のワールドカップの開催地でしょ。だからその影響でうちの仕事も開催期間はバタバタしちゃうから、国外に出ていたかったの」

というのは公式の理由で、実は最近、19年連れ添った彼氏と別れたらしい。おっと、ここにもいました先輩が！（どんな先輩？）先輩にワインをすすめたらカミーノ中は禁酒だというので、ほかにも何か自粛していることはあるのときいてみた。そしたら間髪容れず、

「セックス!!」

だって。名回答。女5人でゲハゲハ笑う、笑う。

「自粛ってわけじゃないけど、しないわよ。したくないわね」

イディットの隣でウケていたアイリッシュの若い女の子と、オランダのメガネ女子はともに失業中だった。

破局、別居、離婚、失業……世界中のボロボロ人間がカミーノに大集合!?

みんなで杖持って歩こうぜ〜ぃ！　あ、そういえば杖買わないとな。できればホタテの貝殻がぶら下がった、木のやつがいいな。

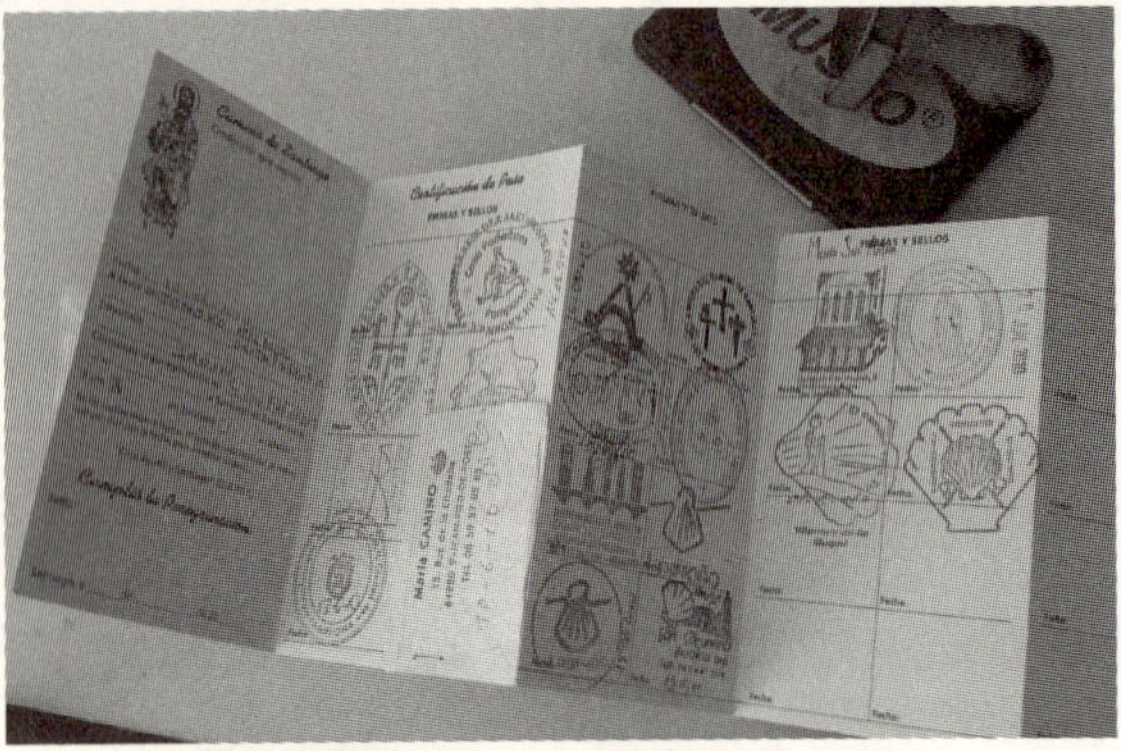

立ち寄る宿やバルでスタンプを押してもらう巡礼者手帳（クレデンシャル）は、カミーノにおける印籠！

カミーノは黄色い矢印と貝殻のマークを追いかけて行くだけだから超カンタン！（←初日に迷ったくせに）

## 【4日目】スビリ～パンプローナ（歩行距離 22㎞）

フラフラ。歩きすぎて疲れすぎ、立ち止まることすら忘れて、この町を危うく通りすぎてしまいそうになったぐらいだ。いや、本当。

昨日も快適なベッドだったのに、バズーカのようなガブリエルのいびきを一晩中聞かされたため、またもや寝不足のまま9時出発。道はメインロードをはずれた山道が多くてハードだった。最後の5キロはひざの痛みに気付かないフリをして無理やりカミーノ。あの無理がたたったのかもな。ほかの巡礼者たちもガタがきてるみたいで、私のベッドの近くにあるゴミ箱にゴミを捨てに来る人が腰をかがめるたびに「うぅっ」とうめき声をあげている。おなじみのユーカリっぽいマッサージオイルの臭《にお》いも充満。20キロなんて毎日歩く距離じゃないよ。Ｗi‐Fiがあるバルに入ってビールを飲んだら、一杯だけでフラフラ。

初日にバスを乗り換えたここパンプローナは闘牛で有名な町。ツーリストレストランばかりでなかなか店を選べず、通りのベンチで隣に座っていたオバ様ふたり組にきいてみると、

「あら、あなたペリグリーノなの？　サンティアゴまでひとり？　パンプローナが初めてなら、ぜひ闘牛場も見て行ってほしいわね。今、見るなら案内してあげるわよ」

という具合に観光案内までしてくれた。

ペリグリーノはスペイン語で巡礼者。女性だと「ペリグリーナ」かもしれないけど、細かいことは気にしないで今日からおいらは「ペリグリーノ」！

「軽いものを食べたいならボカディージョがいいわ。ボカディージョはバゲットのサンドイッチのこと。ハムとトルティーリャがはさまってるのがパンプローナ風よ」

塩気がきいた生ハムのボカディージョは5ユーロもしたけれど、活気がある店のカウンターに座って食べるのはなかなかおもしろかった。今日のアルベルゲは6ユーロ、乾燥機代1ユーロ。ビールも入れて合計14ユーロしか使ってないや。いい調子。

22キロの道中では夫が出て行った日のことを思い出してしまい、（何であのバカ……!!）と泣けてきた。

《今日捨てたもの》

1．トイレットペーパー。↓ちびまる子ちゃんの絵柄だったので名残《なごり》惜しかったが、かさばる。ポリビアじゃあるまいし、トイレットペーパーはちゃんとトイレについている！

2．ゴワつくお風呂セット用ビニールのケース。↓もっと薄いソフト素材のものにすればよかった。さらに、ケースの外側についた水滴がすぐ落ちて乾くやつ、誰か開発して！

一泊12ユーロ出すとこの快適さ。私営アルベルゲの女子部屋♥

カミーノのすごいところ→巡礼者のための水道が一定
区間おきにあるから水を大量に持ち歩かなくていい！

## 【5日目】パンプローナ2泊目（移動なし・0㎞）

まだ疲れがとれないことと、この大きな町でカミーノ用の杖や、超軽量クイックドライバスタオルを買いたかったためパンプローナ2泊目。杖、こないだポルトガル三兄妹に借りてなかったら、ぬかるみ歩きはやばかったからね。といってもピレネーを越えればあれほどの山はもうないらしいけど。杖は一本はあったほうがいいらしいので。

見た目は清潔そうだった昨日のベッドでも私だけがダニにやられ、夜中に目が覚めた。よって今日はドイツ人が経営する別のアルベルゲに宿がえして静養。アゴの刺され跡もまだ治っていないのに、昨日はまぶたのまわりまで刺されて痛々しい37歳。

カミーノdeかい——の——っ（↑一応言ってみた）。

観光案内所でカミーノの資料やグッズ（夜道で光る蛍光のアームバンド）をもらう。

今日は2段ベッドの上で、下は寡黙なドイツ人のおじさんだ。英語があまり喋れないようだけど、私もドイツ語は「ダンケシェン」と「ヤーヤーヤー」しか知らないから、さっきからただただ微笑みを交わし合っている私たち。ベッドまわりの整頓っぷりがかなりキチンとしているけど、元軍人さんかしら、なーんて。晩飯を食べに外に出るのがめんどくさいよー。

サンティアゴまで歩くというおじ様ポール。
カーネル・サンダースが歩いているかと思ったよ！

【6日目】 パンプローナ〜プエンテ・ラ・レイナ（歩行距離 24km）

アルベルゲの芝生の庭に寝転んでこれを書いている。足が焼けるようにあっち——っ。朝6時半にカトリック宗教ソングが流れてきて部屋の照明が点いて起こされ、8時出発。午後3時すぎまで、7時間歩いたのか〜。シャワーの前に行列ができていて、10分ぐらいは待たされたけどサッパリしたナリ〜。今、ここにビールがあれば最高なのにな〜。

右ひざの痛みと、左の足指にできた3つのマメ（水疱）によるダブル痛みが苦しかった。いや、ダブルじゃなくてマメ3つだから合計4つ、スペイン語でクワトロ痛みの、激痛カルテットや——。パンプローナを出たあたりからひざの痛みにがまんできなくなって、薬局でサポーターを購入。おかげで右ひざが飛ぶように軽くなって、なんとか歩ききれた。

宿に着いたら、庭先で優雅にポストカードを書いているガブリエルを発見。彼女は最近バスやタクシーを使っていて、今日もここまで車で来たらしい（もちろん会うなりまた一気に喋りかけられた）。カミーノは体力やスケジュールの都合にあわせて乗り物を使う人もけっこういる。巡礼証明書が欲しいなら、ラストの100キロは歩かなければいけないけれど、それも自己申告。「〝歩きましたか？〟ときかれて〝はい〟と答えれば誰だってもらえるのよー」と、ガブリエルはスーパーのお得情報みたいな口ぶりで言っていた。

「今日もあたし、山の上でこの足が痛みだしてね。本当に一歩も歩けなくなっちゃって、〝おお、ポルファボール！〟ってポリスに泣きついたの。何人《なんじん》かってきかれたからイタリアのパスポートを見せたわ。あたし、祖母がイタリア人でイタリアのパスポートも持ってるから。トルコとレバノンのパスポートも持ってるんだけど、こういう時はイタリアのほうがずっとスムーズにいくのよ、分かるでしょ？　そしたら何か書類にサインさせられて、ポリスがここまで送ってくれたの。こういうケースってカミーノではキリがないから、通常はポリスはペリグリーノを助けない決まりらしいんだけど。助かったわ〜」

おそるべしガブリエル・パワー。「足の痛みを訴えるために大げさに演技したでしょ？」ってきいたら、「ちょっとね！」だって。

「でもねー、出だしからタクシーとかパトカー使いまくちゃって、今回のあたしのカミーノって何なのかしら？　あなたの言葉じゃないけど、それこそファッキン・タクシーカミーノ、パトカーカミーノよね、ガハハハハハ〜……！」

こうなったらサンティアゴまでタクシーとパトカーでつないでほしい、ガブリエルのためにタクシーカミーノ巡礼証明書を発行してほしい……みんなで適当なことを言いあいながら

朝は一番最後に宿を出るくせに、次の町の宿には一番早くに着いてしまう女、ガブリエル！（車だから！）

右が南アフリカの女社長イディット。左のアメリカ人アビは３日寝込んだらしいけどお灸治療を受けて復活！

だらだらと洗濯物を干した。

ディナーは遅れてゴールしてきた南アフリカのイディットとふたりでレストランへ行った。フライドチキンと山盛りのポテト。質素だけど揚げたてで、ワインのつまみには十分だ。

「南アフリカって治安の悪さとか人種差別とか、あんまりよろしくないことでも有名でしょ？　あと人間がちょっと変わってるとか、英語が訛りすぎだとかでネタにされちゃうし。私もいろんな国へ行ったけど、それでも自分の住んでるケープタウンが一番好きなの。テーブルマウンテンって知ってる？　ケープタウンにある山なんだけど、本当に上がテーブルみたいに平たいのよ。そこで私、夕方毎日、カミーノへ向けてトレーニングしてきたんだから。山に登ったり、平たいところを歩いたり。時々町を見下ろして眺めたり。テーブルマウンテンだけじゃなくて、町自体もステキよ。自然が豊かで、海だって見えるんだから」

「南アフリカはワインだっておいしい！」

私は、唯一自分が知っている南アフリカ情報を付け加えて、禁酒中の彼女の分までワインを飲み、行ったことのないケープタウンや喜望峰や、彼女が元恋人と購入した５００平米の庭つき豪邸の行方を考えた。

## 【7日目】プエンテ・ラ・レイナ〜エステーリャ（歩行距離 22㎞）

なんとなく居合わせた女5人でカフェに入り朝食。ガブリエルは昨日から、21歳のスペイン女子、アナの世話ばかり焼いている。そうかー、娘さんと同じ年頃だもんね。

「このビスケット、一箱あげるわよ。ドライフルーツとナッツも持っていきなさいよ。パンは今日中に食べないとヤバイって感じだけど、超便利な密封容器も一緒にあげるから」

「ちょっとガビ、自分が持ち歩きたくないものを全部あたしに押しつけてるでしょー？」

まるで仲のいい親子だ。それにしても、どんだけ食料買い込んでるんだよ、ガビ！

アメリカ人のアビはこんなことを教えてくれた。

「まさかあなた、知らないの？　来月7月25日は聖ヤコブの日。しかも今年はホーリー・イヤー、大祭《たいさい》の年なのよ。これを逃したら次は2021年なの。私ももちろん7月25日のゴールを目指して歩いてるんだけど、あなたは違うの？」

え、そうなの？　大祭？　7月25日まであと1ヵ月弱。私の帰国フライトは7月27日だから、それまでにゴールしようとは思っているけど……。25日のお祭り当日、サンティアゴの町には世界中から大勢の人が集まって花火やセレモニーですごいことになるらしい。

　ほとんど平坦な道だったとはいえ、小雨に降られっぱなしで体力を奪われた今日の道。午後4時に宿に着くと昼寝中の巡礼者多数につき、部屋はカーテンが閉められていて暗かった。

　キッチンをのぞいたら、オーストラリアとニュージーランドの還暦前男女3人組が、

「今からパスタを作るんだけど、よかったら一緒にどお？」

　と誘ってくれたのでご馳走になる。この年代との英会話はイギリス人の親戚で慣れているから、結構得意。カミーノについてあれこれ話していると、たまに起こる私の立ちくらみは、水分不足が原因だよと教えてくれた。青空トイレを面倒臭がって水をあまり飲まないし、運動量のわりにほとんど食べてないからだな。いかんいかん。

　自己紹介がてら、私のカミーノ連載のタイトルを教えたら大笑いされたよ。

「オーマイゴッド！　〝ファッキン〟もタイトルに含まれてるの？」

「もちろん！」

　そして私のために乾杯してくれた。

〝Good-bye English husband, go on fucking Camino !〟

（さらばイギリス夫、今日からひとりでファッキン巡礼！）

　は〜、我ながら、一言でカミーノの動機説明ができる便利なタイトルだわ〜。

「アッハハ、イギリス人の夫だったんだ〜ぁ（そりゃダメだわ〜）」と、私の別れ話に喜びまくるオセアニア軍団

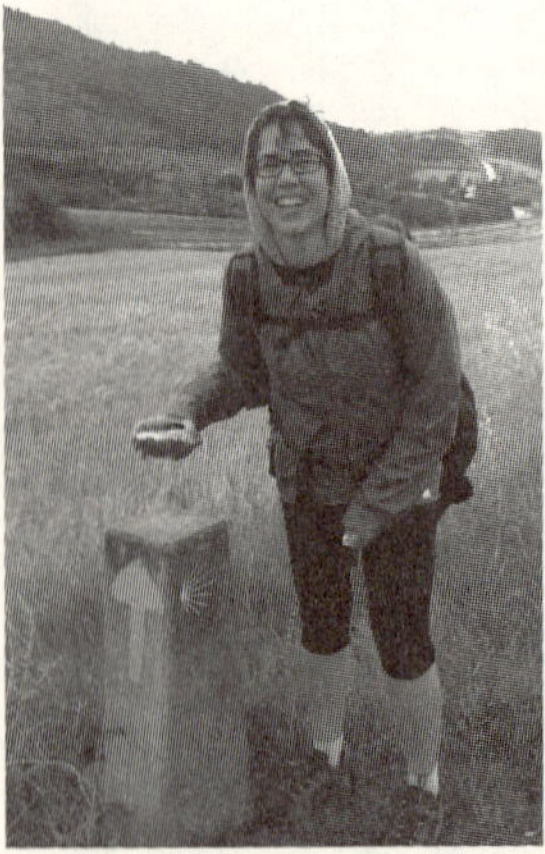

石の上に、「アナを待つ、マイケルより」という、お気に入り男子からの置き手紙を見つけて喜ぶアナ

道の上には重い荷物に音を上げた巡礼者の置き土産がポツポツと。こんな重そうな本、私もいらね〜ぇ！

## 【8日目】　エステーリャ〜ロス・アルコス（歩行距離 22㎞）

誰かが初日から4〜5日歩けば体が大丈夫になってくるよ、と言っていたけど本当かも。今日の夕方の道、初めていつものようなゴール前のつらさを感じなかった。まぁ私の場合はもう8日目だけど、ようやく心から景色を楽しむゆとりが発生。広大な麦畑を突っ切る小道をひとりで歩きながら風に吹かれて、「風と大地に包まれて。オレ……」みたいな、90年代Jポップのプロモーションビデオみたいなシーンに入りこんだ自分をエンジョイ。日本の音楽を聞きながら歩いてみたら、エレファントカシマシの歌のところでなぜかドバッと涙があふれてきた。でもなぜだかサッパリ。

ただ、後半は集落も村もなーんもない大草原地帯でトイレに困りましたよ。視界の中には常にペリグリーノがちょろちょろ歩いていてチャンスがつかめず、がまん、がまんの3キロ。

しかしそんながまんは差し引いても、昼に食べたトルティーリャ（スパニッシュオムレツ）の点数が高すぎたため、今日という一日の総合評価はムイ・ビエン！（スペイン語で very good）。

朝入ったカフェのショーケースの中で、黄金の輝きを放っていたそのトルティーリャ。出来たてホヤホヤなのか、直径30センチほどのそれは卵の色がそれはそれはツヤツヤと美しく……。切って包んでもらわないわけにはいかなかった。

一緒にお昼休憩したイタリア人のサラにも半分わけてあげたら、彼女もその味に感動。

「マンマ・ミ〜〜ヤ〜〜ッ」

いただきました——、イタリア人からこの言葉！　卵とポテトとピーマンと玉ネギと、チーズも入ってたかな。トロ〜ッと半熟な卵が野菜たちを抱きしめてトゥギャザーになって、ペリグリーノであるミーのハートをキャッチ、キャッチ、キャッチ！　ってルー大柴さんもたぶんビックリの逸品。その思い出し味（？）だけで午後をサバイブできた、ワ〜ォ！

サラはイタリア娘（32）だけど、この10年はニューヨークに住んで舞台女優をやっているらしい。ギターを弾き、歌も歌う。舞台女優だけでは食べていけないから、カフェでアルバイトもしている。10年もニューヨークにいるなんて、就労ビザでも持っているんだろうか。

「日系アメリカ人の彼が結婚してくれたの、私がアメリカにいられるように。私の夢のためだけによ。彼、ミュージシャンなんだ。私より30歳も年上なの」

30歳年上⁉　彼とは一緒に音楽活動もしていて、長年の同志でもありルームメイトでもあった。こういうのも偽装結婚というんだろうか。そこに愛はあるのかなんてきいてしまった。

「彼のことはすごく尊敬しているし好きだよ。でも、家族ってゆーか親友ってゆーか……。やっぱり〝愛〟とかいわれるとよく分からないの。だからこんな状態、いつまでも続けてはいられない。彼にも悪いから、もうじきはっきりさせなきゃいけないとは思ってるんだ」

小雨がパラつくブドウ畑を歩きながら話してくれた。私も便宜的に使いはするけれど、〝愛〟とかいわれると本当のところはよく分からない。だから景色に気をそらしてみたよ。

ブドウの木はまだ背が低いな、このあたり。


こうやって、誰かと話がしたければいつでもできる。でも道の上でひとりになりたければ好きなだけひとりでいられる。カミーノがどんどん好きになっていくわ〜。

「もうすぐね、トスカーナにいる私の双子の妹がカミーノに来るの。合流して彼女と一緒に歩くんだ。7月25日にゴールできたらいいなと思って！」

いたいた、7月25日の大祭ゴール組がここにも。バックパックに紫色のパンツをぶら下げて干しながら歩いていたサラ。双子のイタリア人姉妹がバックパックに色違いのパンツをぶら下げて、仲良くブドウの木のあいだを歩いていく姿を想像すると心が躍った。

でた——っ、超カミーノっぽい風景！

カミーノ名物、赤ワインが出る蛇口だ、イェーイ！

## 【9日目】ロス・アルコス～ログローニョ（歩行距離　28km）

朝8時半から夕方6時まで、28キロも歩いたぞ。すげ――っ。サンティアゴ・デ・コンポステーラまで、あと650キロは確実に切っている（ってまだ650キロも先かよ！）。

午前中は、サンドラという66歳のアメリカ人女性と歩いた。

「オラ～！　あなた、ひとりで歩きたい人？」

「いいえ、特には。今日はどこまで行くんですか？」

今あなたと喋っても大丈夫？　私はジャマしていない？　ということを事前に確認されることが時々ある。確かに基本、ひとりで歩きたいといえば歩きたいけど、自然に誰かと喋ったりひとりになったり、そんなカミーノが最近、なんともいえず心地いい。

サンドラは去年の12月に夫を病気で亡くした、と話し始めた。

「それはつらかったですね。でも半年とちょっとで、あなたがスペインまで来て、この美しい道の上に立ててよかった。ブエン・カミーノ！」

誰かの受け売りみたいなお見舞いしか言えなかった。私は単に自分が元気になるために歩いているようなものだけど、愛する（愛した）誰かのためにカミーノを歩いている人も多い。サンドラは夫の死の悲しみから抜け出そうとしているのか。それとも思いっきり泣きに来たんだろうか。きっといい夫婦だったんだろうな〜と思う、うちと違って。


「ところでうちの息子のことなんだけどー」

亡き夫の話や互いの自己紹介が終わると、サンドラは声のトーンを変えて言ってきた。

「あなた、うちの息子なんかどうかしら？　歳《とし》は33歳、日本が大好きで留学していたこともあるから日本語も少しは喋れるはず。今、ガールフレンドがいないみたいなのよねー」

いやいや、私はこれから離婚に向かって突っ走るところでして、とてもじゃないけど今はそんな気にはなれませんよ。

「私、バツイチとか別にこだわらないから大丈夫。あなた、歳もうちの息子と近いし、よく考えてみたらお似合いだわ。息子があなたみたいな人と結婚してくれたらあたし嬉しい！親バカだけど結構イイ男なのよ。酒もタバコもやらないしー」

半分本気で、息子さんのメールアドレスまで渡されちゃった。

それからは延々とひとりで、ブドウ畑の谷を越えた。青々としたブドウの葉と赤土がとてもきれいで、初めは「ブドウ畑でつかまえて♡」とか思いながらキュンキュン歩いていたけれど（誰もつかまえてやくれないし）、後半は干しブドウになるんじゃないかってぐらいに暑かった。

18キロ歩いてビアナという村に着いたのが午後2時半。アルベルゲに行ったら「うちは3段ベッドだけどいいか？」ときかれたんだけど、よくない、よくない！　インドの寝台列車だったらガマンするけど、今日はムリだよー。

宿をあきらめてバルの前を通りかかったら、外のテーブルでサラがマルコというイタリア人男子と生ビールを飲んでいた。

「トモコー、一緒に飲まない？」

「やめとく。私、3段ベッドは無理だから次の町まで歩くことにしたわー」

「あたしたちだって歩くわよ。歩くから飲むの！　ビールは一杯だけなら最高のエナジーになるのよ。元気が出るんだってば！」

……ホントだ（結局飲んだ！）。飲んでグッタリ疲れるかと思ったら、この暑さであっという間に蒸発してカロリーだけが残ったのか、いい活力になった。とはいえ、ビール休憩後の、灼熱の10キロ歩きはキツかったよ。2キロぐらいならよかったけどね。

ずっと前方を行くサラとマルコの背中を追いかけ、時々、彼らの歌うようなイタリア語を聞きながら歩いた真夏日の午後。ムイ、ムイ、カンサーダ！（超、超、疲れた）

草原の移動カフェでフルート休憩中？　美しい
音色、コーヒーの香り、風にゆれる白髪……

パエリア食べた。ワイン込みで11ユーロ。宿4ユーロだし、
いろいろ苦労したし、こんぐらいの贅沢いいんだもん！

さて、突然ですが、カミーノ川柳「今日の一句」。

屁をはなち　後ろふり向く　カミナンド

〈自分評〉

たとえ誰もいない大自然の中であっても、放屁の後には誰もいないことを確認するため、つい後ろをふり返ってしまう、そんな作者の気の小ささがあらわれている一句ですね。

誰もいないオフィス等でも同じことが言えるのではないでしょうか。人気《ひとけ》を確認するなら、屁をする前に確認すればいいものを……。「屁をこいて」ではなく、「屁をはなち」としたところにも女性らしい気遣いが感じられます。なのに夫に捨てられるなんて可哀想！

ちなみにカミナンドはスペイン語でウォーキングの意味。カミナール（歩く）、カミナンド（歩いている）、カミーノ（道）……そのへんの動詞の変化はよく分かりませんが、ここでは「カミナンド＝歩き人《びと》」という意味合いでとらえてみてはいかがでしょうか♪

## 【10日目】ログローニョ～ベントーサ（歩行距離 20km）

サンティアゴ・デ・コンポステーラまで599キロって誰かが言ってたけど本当か。600キロでなく599という細かさも含めて、ホントかよ――！

ログローニョ郊外の公園では地元のランナーやウォーカーに声をかけられまくり。

「ブエン・カミーノ！」

じいさんからは声をかけられてアメ玉までもらっちゃった。

そのあとは、ゆっくり歩いていたドイツ人のご婦人を追い越しがてらちょっとお喋り。

「これ以上は話せないわ」

あたりさわりのないトークが終わると、彼女はこう言って、でもやっぱり話を続けた。

「実はつい5週間前に、父が死んだの」

彼女が泣きそうになったので私は彼女の肩を支えた。きっと彼女はこうして誰かと話すたびに、その話にならないように緊張して会話の流れに気を配り、だけど少し誰かに話してみたい気もして、心揺れながら歩いていたんだろう。昨日のサンドラは夫を亡くしていた。そして今日は父親の死からまだ5週間しかたっていない彼女。アイムソーリー、大丈夫？　お父さんはご病気で？　どんなかただったの？……ｅｔｃ．

つらい出来事や自分の置かれている複雑な状況を、他人に話すのには勇気がいる。誰だって暗い話なんか聞きたくないだろう。でもそのことだけで今は頭がパンクしそうだから、少し外にはき出させてくれと思う時がある。どうせほかの話をされたって、心ここにあらずなんだから……。私もつい最近までそうだった。私のつまらない泣き言をあきもせず聞いてくれた友達にはありがとうの一言。彼女たちには、カミーノでもっともお世話になっている命の五本指ソックス以上に弱っていた時の私を支えてもらった。

カミーノ上で〝ファッキン巡礼〟のことを話すのは今でも少し緊張するけれど、だいぶ慣れてきた。「仕事と夫が同時に消えちゃったんですよ、アハハ～」。こっちが扉を開けてこうやって自分のことをさらけ出してるから、相手もさらけ出してくれるのかな。さんざん人に話を聞いてもらった分、これからは少しずつ聞いてあげる側にもまわれたらと思う。

昨日28キロも歩いたから、今日は20キロ地点でやめておく。ディナーはひとりでレストランへ行ってみたけれど、ラムの煮込みが冷めていてガッカリ。アルベルゲに戻っても同室女子たちはいまいち愛想がないし、洗濯物は雨で濡れちゃったし。ちぇっ！

しかしツイている日もそうでない日も、たたき起こされて歩きまくって、洗濯してメシ食ったら消灯。泣いたり落ち込んだりしているヒマがない。いや、泣くのは歩きながらでもできるけど、家でソファに座って泣くラクさに比べると、だいぶ泣き力《りょく》がいることを発見した今日この頃。快適な気温のもと、ボーッと家にこもっていたあの日々がいかに〝泣き祭り〟と〝不健康フェア〟を盛り上げてしまっていたことか。あれじゃ、どこか知らない国の空港で出発直前に、夫が「トイレに行ってくる」と行ったきり帰ってこない夢を見て、ハッと目覚めて号泣したりもするはずだよ。だからこそそんな悪夢から解放された今の環境が最高にありがたくて健康的。

そしてカミーノ中に夫について思うことはいつも同じだ。

「あのバカ、なんで出ていったんだ⁉」

だけどそこで「帰ってこーい！」とはもう思わなくなった。ただ、「あのバカ」とは思います♪

イタリア人のマルコ（左）。スペインで7年同棲した彼女も、
一緒に建てた家も、仕事も捨ててきただとぉ？（←敵意）

巡礼者の病院遺跡。残るよね～♪

吊るされた靴。捨てるよね～♪

【11日目】ベントーサ〜サント・ドミンゴ・デ・ラ・カルサーダ（歩行距離 31㎞）

本日、31キロ歩かせていただきました！（↑「お風呂、お先にいただきました」口調で）

朝8時ベントーサ発、夕方6時にサント・ドミンゴ・デ・ラ・カルサーダ着。日差しが強くて強くて、夕方通過した小さな村の小さなアルベルゲにはかなり惹《ひ》かれたけれど、トイレを借りがてらパッとのぞいたら、ここんとこ毎日顔を合わせる超無愛想なドイツ人のおばさんが芝生に寝転がっていたからとっとと通過。フン！

ギンギンの夕陽に照らされ、イタリアのサルデーニャ島から来たという町内会グループ30人と喋りながらさらに6キロ歩いた。サルデーニャのおっさん数名は、私がカタコトのスペイン語で失業と同時に夫にも捨てられて歩きに来たと言ったら大ウケして（笑うところちゃうやろ！）、グループの前方を歩いている仲間にもわざわざそれを大声で伝えていた。

「あのなー、このアジア人、イギリス人の夫に捨てられたんやてー。37やってよー」

「お――――い、日本人だってよ――」

「子供はいないって――。物書きしよるってさー」

イタリア語はよく分からないが私の個人情報が伝言ゲームのごとく大声で飛び交わされ、

最後には囲まれて記者会見。というのは冗談だけど、記念撮影大会になった。

お昼前に通過したナヘラでは、美しい通りや修道院に魅《み》せられて1時間以上も町をブラついた。修道院の回廊は、アーチやそのカーブ具合い、光の入り込み方など、すべてがハッとするほど美しく、回廊ファンの私としては、田原俊彦の「ハッとして！Ｇｏｏｄ」を歌わずにはいられなかったよ。古い家々や裏通りやごちゃごちゃした町の雰囲気がトルコっぽくて、旅心をそそられる町。建物の屋根の裏側（庇部分）や、窓枠に木が使われているのも私好みだった。

細い路地裏をあっちこっち歩いていたら、こないだ自炊ディナーをご馳走してくれたオーストラリア人のお母さんにバッタリ会って、彼女が、

「そーよー、このへんは大昔、イスラムに支配されていたからその影響らしいわよ」

と教えてくれた。スペインの民家といえばシンプルなコンクリートの家か、地中海沿岸の白壁の家か、リゾートマンションしか知らなかったから新鮮。

歩きすぎて疲れたから（いつもだけど！）、今日こそ町に着いたらフラフラせずに、最初に見つけたアルベルゲに入ろうと決めてたんだけど、2段ベッドの上段しか空《あ》いてないと言

イタリア人御一行様。シー、シー、グラッチェ、ボーノ、
ボーノ！　ピッツァ、マルゲリータ、ペペロンチーノ！

こんな安宿でハープが聞けるとは！

〝ハッとしてGood！〟

われてまたもやパス（上段続きは疲れる〜）。そして2軒目のタダ宿（寄付制）に入ったらこれが大当たり！　新しくてキレイで、サラとマルコのイタリアチームにも再会できて。3人で買い物へ行ってそのあとカミーノ初の自炊に参加。

ハープ奏者とフルート奏者もいたから夜はちょっとした演奏会になった。フルート奏者は、3日前に大草原の中の移動カフェでフルートを吹いていた白髪の彼。マルコがリーダーとなって作ったツナパスタは、ひとり暮らし学生の手抜き料理っぽい味で（茹ですぎ&ベトベト）イタリア人的にはかなり悔しそうだったけど、みんなで食べられれば何でもよかったから、全員で「ボーノ！　ボーノ！（イタリア語でおいしい）」を連発。そしてさらに、リオハワインをここリオハ州で飲める幸せよ……！

美しい音楽とワイン（とツナパスタ）を楽しみ、足にできたマメの数を自慢しあう夕べ。

「カミーノ中、ひとりで歩いている時に泣いたことある？」

何かの話のついでにきいてみたら、そのテーブルにいた5人の男女全員が、「シー！（うん）」と即答した、そんな夜だった。

って、どんな夜だか分からないけど、泣き率100パーセントのファッキン・お涙カミーノ！　サンティアゴ・デ・コンポステーラまであと550キロ。

## 【12日目】　サント・ドミンゴ・デ・ラ・カルサーダ〜ビーヤマイヨール・デル・リオ

（歩行距離　18㎞）

オラ〜！　カミーノを始めて今日で12日目。そろそろこの日記を読んでくれている皆さんも、カミーノに出たくなってきたかな？（なんねーよ!!）

今朝出てきたサント・ドミンゴ・デ・ラ・カルサーダという町の教会には〝おんどり伝説〟があるらしい。……ということだけは、オーストリア人のポールおじさんが歩きながらしてくれた30分にもおよぶ話の中で唯一理解できた（聞き取れた）。ともかく「チキン・ストーリー」。ポールの英語はただでさえドイツ語訛りが強くて聞き取りにくいのに（人のことは言えないが！）、低い声が口内で響きすぎる上に、いつも最後に自分で「オッホホホホ〜」という笑い声をかぶせるからヒアリングが英検1級以上に難しい（たぶん）。とりあえず一緒に笑ってごまかしているのが現状だ。出身地をきかれた時の、

「オーストリアです、ウィーン。カンガルーの国（つまりオーストラリア）じゃございませんよ〜、オーッホッホホホホ〜」

というジョークも、3回目ぐらいでようやく聞き取れたよ。今日またそれを誰かに話して

いるところに遭遇して、相手はもちろんポカンと口をあけていたから横から通訳入れてあげちゃったもんね、オ――ッホッホッホッホ。

足の親指にも中指にもマメができてしまい、歩きながらそこに体重がかかると死ぬほど痛かった。小石なんか踏んじゃったら「ギャッ！」と飛び上がるほど痛い。いつものように道は平坦だったものの、午後の日差しは日焼けマシンMAX級。新たな水ぶくれが3つできたのも、暑くてふやけたからなんじゃないか？　それほどまでに痛めつけられた体で、路上にでっかくペンキで書かれた〝Albergue〟（アルベルゲ）の文字を見ちゃった日にゃ〜、なだれこまないわけにいかなかったよ。本日は18キロで歩き終了〜♪

草っ原にポツンと建つアルベルゲに客は女3人だけ。みんな7キロ先の町、ベロラドまで歩くからここは空いていたのだろうか。熟睡できそうでよかったわ、オーッホホホ。

静かな庭で、かわいいスウェディッシュの先生ふたり組と静かに語らいながら飲む午後のリオハワイン。癒される〜〜。

さてと。ワインに酔った先生ふたり組が、なぜかやる気を出して洗濯をしに行ったところで、私はもう少し書くとしましょうか。ベンガ、ベンガ（オッケー、オッケー）。今日は、この日記連載を毎日読んでくれている読者の皆さんから「モバイルブロス」編集部に寄せられたギモン・質問にお答えしまッス。題して、「おしえて、カミーノ！」。

**Q1．カミーノ中のトイレ事情は？　田舎だとボットン便所とかもあるの？**

A．ボットンはまだ見たことないです。公衆トイレってものもないから、5～10キロおきに通過する村のバルやアルベルゲのトイレを借りてるよ。飲み物とかを注文しなくても、トイレを貸してくれる気前のいい店が多くてスペイン大好き♡　青空トイレももう慣れた～！

**Q2．アルベルゲでの過ごし方は？　たぶんテレビはないんですよね？**

A．夕方4時に宿に着いたとして、シャワー↓洗濯↓干す↓足のマメ治療やマッサージ↓ベッドでだらだら↓晩メシ↓洗濯物をとりこむ↓荷物をまとめる↓「あら、もうこんな時間？(夜10時)」↓消灯。テレビ？……忘れてました。巡礼者がテレビの前にいる光景って想像すらできないわ。とにかく毎日歩くために生きている、そんな生活だわ～。

**Q3．宿ではほかの巡礼者とお喋りするのが通例なんでしょうか。たまに演奏風景が出てきたりしますけど、どうやって行われるのですか？　仕切る人がいるの？**

A．ほとんどのアルベルゲが部屋もトイレも男女共用。みんなでゴハンを食べて、イビキ、おならを聞きあいながら2段ベッドで寝る。そんな環境で他人と喋らないでいるほうが難しいかも。演奏会は、楽器を演奏し始める人がいると自然にみんなが集まってくるってだけのステキな自然発生会（？）です。アルベルゲの共同生活が嫌なら普通のホテルに泊まりながらでもカミーノはできるけど、そんなもったいない話があるかよ〜！　と私は思うよ。

**Q4．持っていけばよかったと思うものは？　いらなかったものは？**

A．S字フック。アルベルゲは安いだけに設備も質素。シャワーの時、着がえの袋をかける場所に結構困る。あとバックパックに入れて背負う、ストロー付きの水枕みたいなタンクが便利そう。いらないのは口紅、チーク、ヘアワックス……汗ベトベトでそれどころじゃないっての！

**Q5．インターネット事情は？**

A．村を通過するたびに誰よりもしつこくｉＰｈｏｎｅをかざして歩いてる自信があるわたくしの調べによりますと（自慢）、２０１０年夏現在、平均一日1回はフリーＷｉ－Ｆｉ電波にありついてるよ。でもスマートフォンを持ってネットやメールをやってるペリグリーノなんてごく少数。とにかくね、そんなに書いたりネット見たりしてるヒマも体力もないんだよ、カミーノ道場！（やってるのは夫に捨てられたライターぐらい）

**Q6．毎日20キロぐらい歩いているわけですけど、歩きながらよく考えることは？**

A．毎日カミーノを歩くことで、気持ちに整理をつけて離婚にふみきれたらいいなーと思ってたんだけどね。実際、ひとりで歩きながら考えてることといえば……。

・早く次の木陰がこないかなー。
・次の村でビール休憩しようかなー。ワインかなー？
・そろそろペットボトルの水がなくなってきた。水道探さなきゃ。
・前の3人組がうるさいから追い越すべきか、ここで5分休んで距離を置くべきか……。
・タモリ元気かな～？

こんな感じで、たいしたことは全然考えてません。でもその、「面倒くさいことを湿っぽく考えないで済んでること」が一番助かってることかも！　歩きながらひとりで思い出し笑いしたり、独りごと言ったり歌ったり。時々「思い出し泣き」もするけれど、家にいた時の「泣き」とは涙の成分が完全に違うような気がしているよ。大自然に抱《いだ》かれているからかしら～。だから日本に帰るのがめんどくせ～～（↑これが実は一番よく考えてることかも）。

**Q7．みんな仲が良さそうですが、カップル大量発生？　カッコイイ人はいますか？**

A．カッコイイ人は男女ともいっぱいいるよ。みんな日に焼けて贅肉がそぎ落とされてくるから、ふだんの3割増しぐらいは魅力的!?　歩くのに夢中で格好つけてなんかいられず、自分丸出しだから友達もできやすいのかも。歩きすぎてフシギなテンションに陥るから（カミーノの魔法）恋にもおちやすい!?　みんなそれを「エンジェル」とか「ミラクル」だとか言ってるけど、私は科学的要因にも興味があります。で、調べてみたら「人間は激しい運動をして心拍数が増えると脳へ送られる信号に変化が起こり、それを恋愛だと錯覚してしまう傾向にある」説発見。どーしよー、明日恋におちたら（ポールに）。……オーッホッホッホ。

**Q8．いろんな国の巡礼者と交流をはかっていますが、森さんは何語で喋っているの？**

A．テキトーな英語とスペイン語。これまでの旅と、イギリス夫との生活で覚えた英語が基本です（留学とか勉強とかはなし）。あとは南米に1年いたことがあるのでスペイン語ポコ、ポコ（スコシ）。カミーノの公用語は英語になる場合が多いけど、巡礼者に多いのはスペイン人、イタリア人、ドイツ人、フランス人、ブラジル人……ほとんどの人が非英語圏人だからへたくそな英語上等！　そんなやさしい環境が心地よくて喋りまくりです♪

## 【13日目】ビーヤマイヨール・デル・リオ〜サン・ファン・デ・オルテガ（歩行距離 29㎞）

もう全行程810キロの3分の1は歩いたかも。
今はこうしてシャワーを浴びて、教会広場でセルベッサ（ビール）を飲んでいるが、今日のカミーノはちょっとした苦行というか、かなり巡礼っぽかった。いや、this is 巡礼、これでいいのさ、巡礼ってのは苦行でもあるんだよ、キミ！ オレ！

ローマ時代の面影を残す村——石畳の小さな広場、古い教会、鐘の音……そんなかわいい村だらけなんだけど——ベロラドを通過したあたりは日陰も多くてラクだった。しかし、17キロを歩き終えてからの後半戦12キロは、村も宿も何もない山をひとり越え。その17キロ地点でやめて宿をとるか、またはその12キロの山越えをやっちまうかの選択肢しかなかったのだ。
17キロだとちょっと少なめだし、でも山越えをやるとトータル30キロ近く歩くことになって、それは歩きすぎだし。……だ——っから昨日、あんなところで泊まらないで、ベロラドまであと7キロかせいでおけばよかったのかー！ みんないちいちそんな先のことまで計算して歩いてるんだろうか。計算して歩いている人もいるんだろうねぇ、きっと。ビールとボカディージョのランチをすませたら時計は午後3時前。遅いっちゃ遅いが、この時間なら行けなくもないかあと12キロ……。

バモ――――――――ッ！（↑スペイン語でゴー！）

ところがよー。この山越えってのが地図で見たらたいしたことなさそうだったんだけど、入ってみたらいきなりの急勾配続きで、アリーバ、アリーバ、アリーバ！（up、up、up）初めは寡黙なブラジル人のおっちゃんと歩いてたんだけど、彼のスピードが速すぎて10分もしないうちに息があがってきた。おっちゃんは私が中世の巡礼者みたいにこの森で山賊に襲われないか心配だったのか（？）何回か待っててくれたんだけど、ペースが違いすぎて「先行っててください（待ってられると落ち着かないの）」と断るしかなかったよ。

行けども行けども終わることのない山道。しかもまわりは木だらけなのに、道にだけはまったく日陰ができないゴーモン道《どう》。時々工事中のショベルカーやダンプカーとすれ違うだけで、お花のじゅうたんも虫のダンスもそよ風のささやきもなし。寝転がって休憩できる場所も、トイレができそうな場所もありゃしない。あるのは砂ボコリだけだった。

キツイ（K）、しんどい（S）、疲れた（T）のKST。なんの語呂あわせにもなってない

見て、ふかふかの緑のベッドにかくれて、お友達が噴水
ごっこ（青空トイレ）をしているわ〜！（「赤毛のアン」風）

日陰なさすぎだろ！

「オラ〜〜〜ッ！」とステップを踏み
ながら夕方のバルに入ってきた地元の
おっちゃん。まるで吉本新喜劇

じゃねーかのKST。でも頭がまわらないんだよ、なんでわざわざ金払って日本から来てこんなことやってんだよ、なんで歩いてんだよファッキン・カミーノ！

夏休みの午後の部活みたいに、ただ時計の針に身をゆだねて足を前に出しているだけだった。部活ロボットのような3時間。最後に突然村が現れた時は、砂漠でオアシスを発見したみたいだったよ、発見したことないけど。

着いたこの村にも店らしきものがなく、アルベルゲでは名物のスパ・デ・アホ（にんにくスープ）がふるまわれた。しかしお味のほうは、むむむ……。スープというか、ゆるいにんにくスープに浸されたパン汁というか、昔実家で飼っていたバカ犬・ケンが好みそうな食べ物というか。巡礼者に食事を与える習慣は13世紀からあったそうだから、きっとその頃とたいして変わらぬ味に違いない。守りぬいて800年、伝統の味を皆さまに……。いやいや、守らなくていいよ、この味は。おっと、タダなのに文句言ってソーリー。

両肩にまたバックパックが食い込んで、その部分がかすり傷になっている。左のかかとのマメもまた、靴に当たるたびに激痛が走った。そんな体で朝8時から夕方6時前まで、KSTな状態で（↑使ってみた！）今日は本当によく歩いたよな〜。天才！

（〃自分をもっとほめてあげよう、夫に嫌われた分まで〃キャンペーン実施中！）

【14日目】　サン・ファン・デ・オルテガ～ビリャフリア（歩行距離 17㎞）

いいな～♪　なんと今、この日記をカミーノに来て初めてちゃんとした机に向かい、イスに座って、誰にも邪魔されずに書いている。シャワーも浴びてさわやか～♡

今日はまた灼熱の道を……って、もう「灼熱」って言うのさえイヤになってきたから……真っ昼間のホットロードを、岩盤浴ロードを、バーベキューロードを歩きまくって、しかも後半はうるさい上に焦げそうな〝うんざりハイウェイ〟の歩道を、車にひかれないようにおそるおそる進んだよ。17キロ歩いたところで見つけたアルゼンチンレストランに入って、ランチのあと、さらに10キロを歩くつもりだったんだけどね。ここで改めて言わせておくれ。「毎日暑すぎんだよ！　そりゃ、スペイン人は午後1時から5時までシエスタが必要だよっ！……だよ、だよ、だよ……」（↑エコーをかけて）

だから力をつける必要があった。ランチのメニューはアルゼンチンが誇る、豪快ハンブルゲッサ・コンプレート（総合ハンバーガー）。アツアツのビーフ・ハンバーグに分厚いハムが添えられて（肉アンド肉！）、その上にチーズ、トマト、レタス、マヨネーズ、マスタードが、ドッサドッサのっけられて「ボヨヨ〜ン！」とパンが飛び上がりそうな3Dフードの祭典。南米を旅していた5年前は、食べるたびに「苦し〜」となっていたデカバーガーも、こんだけ歩いたあとにはノー・アイ・プロブレーマ！（ノープロブレム）。ワイン2杯とともにペロッと平らげて店を出た。

クラ〜〜〜〜〜〜〜〜〜〜〜ッ。

店のドアを開けて外に出た瞬間、回れ右して店内に戻ろうかと思ったよ。誰かあの太陽にカーテンをしてくれ！　強烈紫外線ビームから身を守る鎧《よろい》を貸してくれ——（くれー、くれー、くれーっ……↑エコーその2）。

〝今日は日差しが強すぎて死にそうなため、5時間目のカミーノは休ませて下さい。ワインを2杯以上飲み、労働意欲もなくなりました〟

そんな心の欠席届とともに、目の前にあったビジネスホテルにチェックインしちまったのでした。しかしこの宿は町から離れた〝うんざりハイウェイ〟沿いにあるだけあって、お値段のほうはこぎれいなわりに安い〝うきうきプライス〟。バス・トイレ付きで一泊25ユーロ。悪くない。カミーノ初のホテル泊。今日は消灯時間も気にしなくていいから、下のバルでこれから酔っ払っちまおーかな〜〜〜！

そういえば、午前中に通った村のバルでビール休憩していた時のこと。見かけない顔のさわやか男子ペリグリーノが現れた。

ちなみにカミーノ上にある片田舎（失礼）のカフェやバルなんて、ペリグリーノで商売しているようなもので、ペリグリーノの社交の場でもあるわけです。ほとんどの人が外のテラスや路上のテーブルで休憩しているから知り合いを見つけるのも簡単。通りがかりに知っている人がいてもいなくても、空いている席に「オラ～、ブエン・カミーノ♪」と言って座っちゃえば、あとはみんな友達さ。

さわやかペリグリーノもそんな風に現れて、私の隣のテーブルに座っていたスペイン人の女の子たちとカタコトのスペイン語でトークし始めた。そこで国籍をきかれた彼が「イングラテーラ（イギリス人）」と答えていたから話しかけてみたよ。

「ハロー！　イギリス人なんて珍しいわね。実は私、あなたと同じファッキン・イングリッシュの夫がいたんだけど、去年捨てられちまってファッキン・カミーノ中のジャパニーズ・トモコよ。よろぴく！」

というのはもちろんウソで、以下がその会話。

「あなたイングリッシュなの？　ひょっとしてあなた、コリンじゃない？」

「わ、わっ、なんで僕の名前知ってるの？」

「23歳でしょ？　おととい会ったスウェディッシュのふたり組があなたのこと話してたのよ（さわやかで超かっこいいブラックのイングリッシュだって……）。あなた、足をケガしたって聞いたけど、もう大丈夫なわけ？」

「レントゲンを撮ったけど問題なかったから、痛み止めのクスリを飲んで今はもう大丈夫だよ。ところで彼女たち今どこにいるの？　もっと先だよね？」

「違――う！　レベッカのほうがひざを痛めちゃったから、昨日の町にまだ留《とど》まっているはずよ。彼女たち、あなたは足の具合が悪いから、しばらくは速くは歩けないだろうって。だから彼女たちもひざを理由に、ゆっくり歩けばまたあなたに会えるかもって言ってたんだから！（あんたに会うために速度調整してんだっつーの！）」

「え――、僕も彼女たちに会いたい！　だけどほかにも追いつきたい友達が次の町にいるし……。うーん、待ったところで会える保証もないから、今日は自分の計画通り進むよ」

「なんだよ、すれ違いか。残念だなー。でもこれって、カミーノの醍醐《だいご》味《み》って感じだね」

「ハハハ、だよねー（笑）。でも、まだ先は長いからまた会えるかもしれないし。会える時は会える、会えない時は会えない」

「うん、それがカミーノ。じゃ、気をつけてね。ブエン・カミーノ！」

トルティーリャ入刀。私は出来たて（ホヤホヤ）のものを見ると買わずにはいられないたち（ひろし）なのです

どうなる、レベッカ（右）の恋!?

そして彼はさわやかに、まるでテレビコマーシャルのようにキラキラと輝く太陽の日差しを受けてコカ・コーラを飲み終えると、にこやかに去っていったのでした。

スウェーデン人のレベッカといえば、高校教師でなかなか出会いがない、薬オタクで薬の話はもちろん、体調やアレルギーの話が好きだから自分は彼氏ができにくい（自己分析）ともらしていて、

「でもこのカミーノで気になる人が現れたの。彼、私より若そうだったけど話がすごく合って落ち着くってていうか。しかも病院に勤めているインターンドクターって言ってたから、バッチリじゃないかって思ったのよー」

とテレながら話してくれたのでした。

「その彼となら薬トークも薬局デートもできそうじゃん。彼、今どこにいるの？」

そんな風に盛り上がったディナートークの主役が、このコリンだったというわけ。

レベッカとコリン、また会えるといいのにな〜♪

カミーノはジジババ人口が多いように見えるけど、こうして若いコラソン（ハート）も、ちょこちょことうごめいているようです。

〝恋するカミーノ！〟、雑誌の表紙に入れるキャッチにどうかしら？

ブエン・アモーレ・カミーノ！

【15日目】　ビリャフリア～ラベ・デ・ラス・カルサダス（歩行距離　22㎞）

すっかり夢のホテルでくつろいで、チェックアウトギリギリまでねばってねばって10時発（遅っせ～！）。〝うんざりハイウェイ〟沿いの工業地帯を過ぎ、左右を高層マンションにはさまれた道を進んでブルゴスの中心街へ向かった。

〝大規模なゴシック様式のカテドラルがある歴史的な町。旧市街は素晴らしい、滞在する価値あり〟

誰かのガイドブックにはこう書かれていても、今日はまだ10キロしか歩いてないから滞在はせいぜい1～2時間かな～。ついでにアルベルゲものぞいていこうかな～……。

ところがいつもならアルベルゲの門前までバッチリ誘導してくれる黄色い矢印も、大きな町だとそうもいかないのか不鮮明。裏通りを行ったり来たりしていたら、スペイン人のじーちゃんも迷っている様子だった。

「アルベルゲはどこじゃろか？」

「私もさっきから探しているんですが……。もしや、あなたも、ペリグリーノ？」

だってガンガン歩いているけど、顔を見たら結構なおじいさんなんだもん。

「そうじゃよ」

じいさん＝「○○じゃよ」口調!?　でも本当にそんな感じのかわいいじーちゃんじゃった。

「あ、やっと見つかったな、アルベルゲ。でもあんたはここ泊まらんの？　なんで？　残念じゃなぁ。わしゃサン・ジャン・ピエ・ド・ポーからここまで歩いてきたよ。歳はいくつかって？　ぜったい誰にも言うなよ、84歳。ハハハ、ハハハ〜〜」

じいちゃんは年齢を言う時だけ小声になって、何度も口にチャックのゼスチャーをして笑った。84（オチャンタ・イ・クワトロ）!!　カミーノを歩き、しかも快適なホテルではなくアルベルゲに泊まる84歳。信じられない！　しかもこの足取り、健脚ぶり。ここまでくるともう、〃皇潤〃とか〃グルコサミン〃とか〃にんにく卵黄〃とかのレベルじゃないんじゃないの？

「ヒャー！　ワ――ッ、信じられない。それにしてもね〜。本当に84？　84歳なの？」

じいちゃんの〃口にチャック〃のゼスチャーが見たくて、何度も年齢を確認してやらせる私。それを見守る宿のスタッフ、なごやかな雰囲気。

泊まりもしないアルベルゲで楽しいひと時を過ごして、じいちゃんにバイバイを言って町へ出た。

「おーーーい、セニョリータ、そこにいるペリグリーノ！」

　あら、セニョリータ（娘さん）って私のこと？

　歩き始めて5分ほどのところで声をかけられた。見ればアルベルゲにいたオスピタレーロ（ボランティア管理人）のおじさんだ。かけよっていくと彼は私がこのカミーノで命の次に大事にしている借り物のｉＰｈｏｎｅを上に掲げて見せてくれた。あっ、じいちゃんと写真撮影をした後に、ロビーに置き忘れてきちゃったんだ！

「ムーチャス、ムーチャス、グラシアス！（本当に本当にありがとう）わざわざここまで追いかけてくださるなんて！（そして〝セニョリータ〟だなんて、フフ！）」

「カテドラルを見に行くって言ってたから、こっちに歩けば追いつくかなと思ってね」

　ひゃーーーっ、かたじけない。ロビーに置き忘れたままだったら、誰かに盗《と》られてしまっていたかも。感謝・感激・ハム、サラミ、パエリア、ボカディージョ、サグラダファミリア！思いつく限りのお礼の言葉を言って彼に手をふった。

　みんな優しいな〜。ニコニコ。

　ブルゴスの町を出る時の気温、32度、午後2時すぎ。6月中旬なのに何、この暑さ？　町を出てからは、日照りの草原に投げ出されたような、ドライサウナのような12キロだった。

息も絶え絶え、全身汗でベトベトのクサクサ状態でラベ・デ・ラス・カルサダスのアルベルゲに到着すると、宿のマダムは私に「あなた英語の人？　スペイン語の人？」ときいてきた。ちょっと雰囲気が違うなと思ったら、彼女はスペイン人ではなく、フランス人だった。

「あなた、アルベルゲでダニに悩まされたことある？……そう、刺されやすいタイプなのね、可哀想に。残念ながら、宿をいくらキレイに掃除しても、ダニというのはペリグリーノが外から運んできてしまうから防ぐのが難しいんです。でも心配しないで。うちにはダニは一匹たりともいませんから！」

はぁ、そうですか。じゃあすぐその部屋に案内して下さい……ふぅ、ふぅ……私は今すぐにでもシャワーを浴びたいんです、汗ベトベト。でも、その前にまず座りたいかも。

カミーノ資料館にもなっているこのアルベルゲをまかされているという彼女は、女優の三ツ矢歌子（古すぎ？）似で折り目正しい、ピシッとした感じの人だった。ドラマだったら女子校の教頭先生タイプ。彼女に案内されてその部屋に入ると、天井が低い部屋に2段ベッドがキツそうに並んでいた。狭っ！　暗っ！

「はい、この袋にあなたのバックパックと持っている荷物を全部入れて下さいね、全部」

いきなり大きな黒いゴミ袋を渡されてわけが分からないでいる私に、彼女は言った。

「あなたのバックパックにも、中に入っている服にも、ダニがついていないとは限らないでしょう？　だからうちではみんな荷物はまず袋に入れてもらっているんです。バックパックごと、この袋に入れて、ベッドの横のフックにかけて下さい」

「嫌です！」

こう拒否できたらどんなにいいだろうか！　今まで拒否した人はいないんだろうか。バックパックなんてそのへんの床に置かせてほしい。こんな狭い部屋で、ベッドサイドのフックにかけたら、中のものが取り出しにくいじゃん。しかも黒いゴミ袋の中に入れろだと？

しかしそれよりもだ。このオバサン、ペリグリーノのことをまるで分かっちゃいない。たった今まで、炎天下の中を20キロだか歩いてきた人の扱いを！　いつもなら、

「オラ〜！　ブエン・カミーノ！　よく来てくれたわね、暑かったでしょう？　さぁさ、ここに座って〜。水飲む？」

ってな感じで迎えてもらって、受付でひと息ついたりできるのに、このオバハンは来るなりこのマシンガン口調でルール説明。なんだ、このフレンチ・ドラゴンは！

さらに残念なことに、このドラゴンの宿は一泊23ユーロもした。朝食と夕食がついてこの値段は外の世界では激安なのかもしれないが、カミーノ上ではこれと同じ条件でタダ（寄付制）のアルベルゲもあるし、いつもの宿泊費はせいぜい5〜8ユーロだからやっぱり「高い」と思わずにはいられない。しかもあの暗い部屋！

夕食の席で同じテーブルになったハープ奏者のマーサと、オーストラリア人のウィロー（42）という男性と3人で、この宿はおかしいと言い合った。

ドラゴンが作ったサラダもスープもトルティーリャも、味は悪くないのだが、横から入るドラゴンのうんちくと食べ方指導がいちいちうるさくてゆっくり味わえない。これはあっちに置いてくれ、今これ食べろ、これをつけろ、かけすぎるな……。頼むから自由に食べさせてくれ〜！　私がテーブルの脇にあったパンのカゴに手をのばして食べると、

「あら――――ん！　それはこれから出すトルティーリャと一緒に食べてほしかったのよ。だからわざわざ脇によけておいたのに――っ」

と、もんのすごくオーバーにいつまでもグダグダ言っていた。彼女がキッチンへ退場しているすきに私がサラダに塩をふりながら、

「おっと、失礼！　今、サラダに塩をふりかけることは許可されてるのかしら？」

と小声でとぼけてみたらマーサとウィローが笑いをこらえて拍手してくれたよ。

そしてこのディナーの席で判明したこと。

この宿に着く2キロぐらい手前の熱帯ゾーンで、宿泊客全員、自転車に乗った麦わら帽子のオバサン（デカパイ）に会っていた。そしてその女に気さくに話しかけられ、

「残念ながら次の町にある公式のアルベルゲはダニが出るらしいわ。被害がすごいらしいの。でも安心して！　マダム○○（ドラゴン）の私営アルベルゲに行けば心配ないわよ。と――ってもキレイだし、マダムもと――ってもステキな方なの――」

と言われて我々はまんまとここに来て23ユーロも払ってしまったのだ。ペリグリーノでもない地元の人が、あっちの宿はダニが出るからやめろだなんて、今思えば不自然だけど、あの炎天下で言われたらハイハイ聞いちゃうよ。あんなデカパイのオバサンまで使って集客するとは（デカパイの意思だったとしても）、おそるべし、ドラゴン。

夜。狭い部屋に7人の宿泊者が詰め込まれたが、ひとりのオバサンのいびきが激しすぎて本人以外はほとんど眠れなかった。宇宙全体を揺さぶるようなあの轟音《ごうおん》、そのあとに10頭のブタの鼻から出るような呼吸の音。誰かがクスッと笑ったら全員笑いだし、順番に咳払《せきばら》いをしてみたり、彼女のベッドの木枠をノックしてみたり、懐中電灯を当ててみたり……。交代

でトイレへ行ってティッシュペーパーで耳栓もした。しかしいびきのパワーはますますアップして、かといって顔見知りになってしまった彼女を起こして注意もしづらく、困った困った。ところがウィローだけは、そんなことより快眠のほうがよっぽど大事だといわんばかりに、彼女の枕元まで行ってたたき起こした。

「エクスキューズミー！　ごめんなさい、でもあなたのいびき、大きすぎる！」

その行動でまた全員、ベッドの上でクスクス笑い。

寝ぼけながら「ソーリー！」と言っていた彼女のいびきは朝までやまなかった。


この宿に23ユーロも払ったから、という理由だけではないが、宿のマダムが、

「ペリグリーノ（巡礼者）のケガもうちは〝無料で〟治療しているのよ。なぜなら私たちは本当にペリグリーノのことを思い、安全にそして健全に皆さんをサンティアゴへ……」

としつこくPRするものだから「じゃ、お願いします」と頼んでみた。ちなみにカミーノ沿線の病院では、基本、ペリグリーノがケガをした場合の医療費は無料だと聞いている。

治療していただきたいのは左足の指にできたマメひとつと、右足指のでかいマメふたつ。

マメはスペイン語でアンポイヤ。

っというわけで、ここでアンポイヤ治療法。水をたっぷり含んだ水疱状のマメはどう処置するかってゆーとね、まずマメに針をぶっ刺して糸を貫通させます。そして外にはみ出た糸の両端は5ミリぐらい残しましょう。以上です！　つまり糸を伝って、マメの中の水を全部外に出して乾かすことがポイントみたい。単にマメをつぶしただけだと、水を出しきれなくてさらにマメが拡大することを最近体験した。残した糸は、患部が乾けば自然ととれてくるのでご安心を♪

人にやってもらうのは初めてだったけど、患部を押さえつけられるとやっぱり痛かったな～。ドラゴンだったから？

ところでこの、糸を使った水渡しシステムと同様に、留守中のうちの観葉植物ポトスもお風呂場に放置してきたんだけど、まだ生きてるだろうか。水を張ったバケツからポトスの鉢の中へ、包帯を橋渡しにして水が伝わるようにしてきたんだけど。強く生きろよ、ポトス！

ついでに細かいこと言っちゃうけど――、

東京のうちのマンションは今年の12月までは、今まで通り夫が家賃を払う約束なのさ。だって勝手に出て行ったんだからそれぐらいはと交渉してね（私もこれまで通り、その他各種支払いを担当）。ところが昨日彼からメールがあってさー。彼は誰かから、私のこのカミー

ブルゴス自慢のゴチック装飾教会

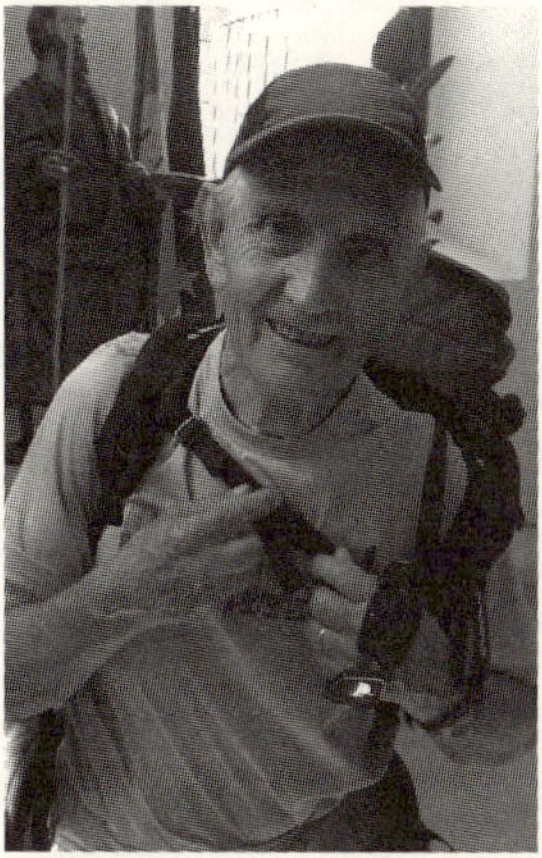

84歳のペリグリーノ。歩くの速すぎ！

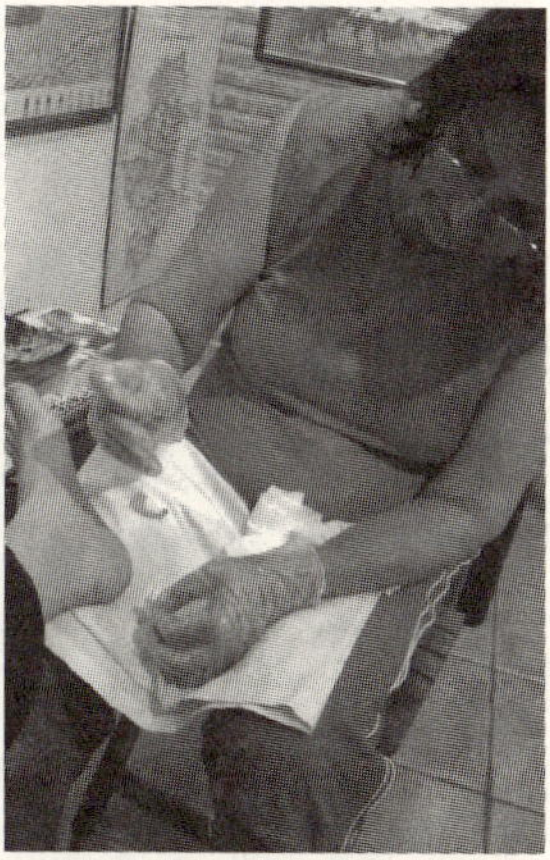

足の指にできた水疱に針をぶッ刺されながらも、こうして写真を撮る我がジャーナリスト（？）魂よ！

ノのことを聞きつけたみたいで。ずっと家で泣いていると思っていた妻が、夫である自分のことを雑誌に書いて、スペインなんかに行ってることを知って動揺したのか知らないけれど、「マンションは解約して、あなたの荷物は全部レンタル倉庫に入れました！」

って言ってきたのよ、本当か嘘か知らないけど。でももし本当だったらやばいよ。家なしかよ。でももういい、考えるのめんどくせー、歩けばいい、アンポイヤ痛テ——ッ！

ブエン・ファッキン・カミーノ♪

道草カミーノ②　困った時の、出雲大社

別居から2ヵ月たったある冬の日、「ＴＶ　Ｂｒｏｓ．」の占い特集で、占い師のありえ～る・ろどんさんを取材させてもらい、その合間に私自身のことも占ってもらった。ありえ～るさんの占いはタロットと、西洋占星術を組み合わせたもの。

「知子さん、夫婦仲は大丈夫？」

えっ……！

「だ、大丈夫どころじゃありません、助けて下さい！」

と言いたかったが、仕事関係者に別居がバレてしまうことを恐れて無言で首を横にふった。

するとありえ～るさんはまたカードをさばき始めた。

「離婚のカードがバッチリ出ちゃってる。早く別居するか離婚するかしないと、今のままじゃあなたがボロボロになるよ。彼も強いから。それから、あなたは分かってると思うけど、書く仕事をすること。復縁したとしてもちゃんと自分を持ってないとダメだよ。でもまず別居だね」

実はもう別居して2ヵ月になるんです……とも言い出せず、私はただただありえ～るさんの言葉に耳を傾けた。私と夫の関係性なんかも怖いくらいに当たっている！　タロット占いなんて初めてだったが、事実夫に捨てられた身で、ここまではっきり別れをすすめられると、そういう道もありなんだと思わざるをえなかった。このカミーノの計画については、

「体力をつけてからならいいよ。今は弱ってるからそういうところへ長く行くと、いろんな〝気〟を受けちゃうからダメ。まずは出雲《いずも》大社か高野山へ行ってさっぱりしてらっしゃい。1泊2日ぐらいがいいよ。〝じゃらん〟で予約してごらん、〝じゃらん〟で」

と言われ、なぜか〝じゃらん〟サイトのことも強力にプッシュされたのでした。

それで年が明けてから、本当に行ったんだよね、雪の降る出雲大社。もう毎日ひとりでいる時間がつらかったから、具体的な地名を挙げて「行ってごらん」なんてアドバイスしてもらえたことがありがたくてすがりたくて、ひとつ上の姉に付き合ってもらってね。

実は姉とは11ヵ月しか歳が離れていなくて双子みたいにして育ったんだけど、性格がまるで違うから大人になってからは距離を置く時期もあったりして。だから一緒に旅行なんてのはこの歳にして初めて！　そんな姉とローカルバスに乗って温泉に入って酒飲んで、まるでテレ東『いい旅夢気分』!?

出雲の居酒屋では語りすぎて姉妹ゲンカまでして、でも優しくしてもらって、その時初めて不幸中の幸いというか、別居もしてみるもんだなーと思ったのでした。ありえ～るさん（そして〝じゃらん〟！）も、けいこちゃん（姉）もありがとう♪

# 第三章　乾燥大地・メセタを歩く（ワインを飲みながら！）

【16日目】ラベ・デ・ラス・カルサダス～サン・ボール（歩行距離 15㎞）

アンポイヤ――――ッ！ スペイン語で足のマメ、水ぶくれ。カミーノでしか役にたたないスペイン語ナンバーワンのアンポイヤス（複数形）が相変わらず痛い。足の中指の裏側にできたやつが特に。痛みにおびえてマメをかばうようにして歩くから姿勢もおかしくなってきて、「これ以上歩くと筋肉まで痛めるよ」とバルで隣に座ったオランダ人のおじさんに忠告された。で、す、よ、ね――――っ！

オランダおじさんは、9年前に息子さんをガンで亡くし、今回のカミーノは知人や企業から献金を受けて歩いているらしい。でもそのお金は使わずに、ガン撲滅団体に寄付するのが当初からの計画なんだそうだ。

私の今日の計画はというと……そうですねー。アドバイスいただいたように足の具合が心配になってきたことだし、早めに店じまいにするか。

「白ワイン、ポルファボール！（お願いします）」

そこに昨日のアルベルゲで一緒だったウィローが通りかかった。フレンチ・ドラゴンやいびき事件のおかげで、すっかり打ち解けたオーストラリアの歌うたい。彼はライブハウスやバーなどで歌うプロのシンガーで、オーストラリアを放浪しながら活動しているんだそうだ。カミーノ2回目の彼の荷物はたったの5キロ、靴はいたってフツーのタウン用スニーカー、全体的にこざっぱりした印象で、小柄な体でサッサと歩いている。

「おいトモコ、日本人のペリグリーノって、朝の10時からワインを飲むのかよ。皆さんすいません、この日本人の彼女、イギリス人の夫に捨てられてやけくそで歩いてるみたいなんで、どうか優しくしてやって下さいねー」

そして私のほうを見て、

「ハイ、今のフォロー代、5ユーロ！」

今日あたりからカミーノはメセタに入るらしい。メセタというのはメセタ・セントラル、中央台地のこと。広ーいスペインの中心部を占める、広大かつフラットな乾燥地帯のことをこう呼ぶ。確かにここ数日、アップダウンは少ないけれど地面の温度が上がってきている。

「メセタをナメちゃダメだよ。本当にうんざりするぐらい暑くて、代わり映えのしない景色が何日も続くんだから。平坦でラクだからって、バカにして歩いてると飲み込まれるぞ」

ウィローはカッコいいサングラスをはずしながら言っていた。

草原を突っ切る平たい一本道を歩いていたらマーサにも追いついた。彼女にはききたいことが山ほどあるが、一番気になるのは50代前半に見える小柄な彼女がこの重いハープを抱えてどうやってピレネー山脈を越えたのか。ハープの高さは1メートルぐらい、持たせてもらったら重さは15キロぐらいはあるか。平坦なメセタでは専用のキャリーにのせて転がせるとしても、あの山ではムリだったよね？

「ムリじゃない。私、ピレネーをこの楽器と一緒に越えたわ。キャリーで転がせるところは転がして、ムリなところはほかの巡礼者に助けてもらったの。ラッキーなことに、親切なアイルランド人のグループに会ったのよ。そこで不思議なことがあったの。聞いてくれる？」

マーサは人なつっこい笑顔をみせて話してくれた。

ピレネーの後半、マーサが舗装されたコンクリートの道を歩き終え、山の中に入っていくと後ろから15人のアイルランド人グループがやってきた。

「すごいアイリッシュ訛りの英語で〝あれ、ハープじゃねぇか〟とか言ってる声がするから、そうよ、ってふり返ったの。そしたら彼らがこのハープを引っ張ってくれてね。いくらアイリッシュでもさすがに酔っぱらってはいなかったけど……あたしもともとアイリッシュって大好きなの！　いろんなジョークで笑わせてくれて、疲れがふっとんじゃった。そのあとしばらくはまたひとりで歩いたんだけど、難所が来たと思ったらまた彼らに囲まれていたの。今度はハープだけじゃなくて、私まで3人の男に担いでもらっちゃって、もう大笑い。笑って喋って、気が付いたら山を下りてたって感じだったわ。それでお礼を言って、あとはひとりで歩けるから大丈夫、この先のロンセスバイエスで会いましょうねって別れて、彼らは先に行ったの。彼らが私のハープでアイリッシュ音楽を聞きたいっていうから喜んで演奏するって約束して。ギネスビールはないだろうけど、一緒に乾杯したいよねって」

ところが、ロンセスバイエスに着いたマーサが小さな集落のどの宿をあたってもアイルランド人のグループはいなかったし、アイリッシュの15人組を見たという人さえいなかった。

むむむ。

「ね、不思議でしょう？　どこへ彼らが消えちゃったのか、ミステリー。でも確かなことは、私にピレネーを越えさせてくれたアイリッシュエンジェル15人がいたってことなのよ！　それは確かにいたの。そして私は彼らに一生感謝するでしょうね。あの時リクエストしてくれた彼らのために、そのうちどこかでアイリッシュ音楽を弾くつもりよ」

エンジェル（天使）、ですかー。

おいおい、オバハン、炎天下の中、重い楽器引きずって歩きすぎて、頭おかしくなったんとちゃうか――。

そうは思わなかった。「へ〜、そんな天使がいたらいいよな〜」と、なんだか夢見ごこちでボーッとしちゃったよ。やっぱり私もカミーノ・マジックというかカミーノ・フィーバーにでもかかってきたんだろうか。毎日20キロも歩いているんだから、そんな精神的、アドレナリン的変化があってもおかしくないはず。「エンジェルを信じやすくなる」とか「ピュアになる」とか「オープンになる」とか、どこかの学者がカミーノの効能や副作用を科学的に立証していないだろうか。

まぁ、もともとおかしい頭が良くなってくれれば万々歳だ。

「あっ……!」

その時、原っぱから一頭の小鹿が道に飛び出してきて私とマーサは顔を見合わせた。

今のは絶対、見たぞ!　ホンモノ、現実の世界に生きているバンビだった。

大草原のど真ん中にあった十字路に、小さな案内板が出ていた。そのまま進めばカミーノ、この細い道を左へ曲がればアルベルゲ。今日は早めに店じまいすると決めたから、左の道を入って行った。草と土と小川しかないメセタの中の小さなアルベルゲ。入口に「午後2時半オープン」の貼り紙がしてあった。

「オラ～ッ！」元気よく入っていくと、先客がひとりいた。よれよれの白い帽子をかぶって、オレンジ色のガウンをひっかけたヒゲのおじさん。ドイツ人の作家で、カミーノ2回目の今回はサンティアゴからピレネーへ向かって逆方向に歩いているという。「逆カミーノの人、すれ違うたび気になってたんですよ～！」そこにウィローが現れた。

「オラ～、ウィロー！　私よりずっと先を歩いてると思ってたのに。あなたもあそこの十字路を曲がってきたわね、ふふふ。でも今日、ここに泊まろうってのは私のアイディアだから。マネしないでよね」

そう歓迎するとへへへと笑っていたが、すぐにシリアスな顔になって言った。

「今……、あの角を……、曲がろうか考えて、ふと立ち止まったら……」

あれ、なんかカメラを意識して（ないけど）遠くを見ながら目を細めちゃったりしてる？

「今、あそこに立ってたら、すごいキレイな青い蝶がヒラヒラと飛んできたんだ。見たこともないような、信じられないような、鮮やかな青い色の蝶。スペイン語でマリポサ（蝶）」

「ま、ま、まさか、エンジェルが舞い降りてきたとか言わないでよね」

「キミにしてはよく分かったね。エンジェルだよ。あの青いマリポサが、カミーノのエンジェルが、ここで立ち止まったほうがいいって俺に告げに来てくれたんだ。メッセージをくれたんだ。だから今日はここにステイする」

は――――っ……。みんな「エンジェル」とか言ってるよ。

「オラ〜！　おまたせしました、今、開けま――す！」

午後2時半をすぎるとこのアルベルゲの管理人、スロバキア人のビクトリアが食料をいっぱい抱えて現れた。黒い髪を腰ぐらいの長さまでたらしている、25歳の元ペリグリーノ。

「ここは宿泊費も食費も無料、完全寄付制よ。でもお掃除を手伝ってもらってもいい？」

「もちろん！」

夕方になるとデンマークのシングルマザーふたり組と、笑顔がかわいいカリフォルニア娘のケイティ（22）も加わって客は6人になった。店もレストランも何もない、草原の中の小さな一軒家だから外出することもない。全員で芝生に寝転がってストレッチをしたり、瞑想《めいそう》ごっこをやったりして、ディナーを食べる頃にはすっかり全員打ち解けていた。暗くなってくると、室内より明るい外のテーブルに移動してワインを開けた。

ハープ弾き引き（！）カミーノ♪

宿の芝生でくつろぐ今日のメンバー。国籍バラバラ
な感じも最高。カミーノへ来てホントに良かった〜！

ここには電気がない。だから今夜は消灯のルールにもしばられない。やっほーっ！　無料なのに、昨日の23ユーロもしたドラゴンの館とは大違い♡

ペリグリーノのお喋りは止まらなかった。今日のカミーノ、明日のカミーノ、足が痛い話、身の上話、冗談、それからギターとドラムとマンドリンと、みんなの大合唱。

なんだかすごくいい夜だった。

シンガーのウィローは、元恋人への思いをこめて作った曲を弾き語りで歌ってくれた。たった3ヵ月しか付き合っていないのに6年間も引きずったという「彼」。そう、ウィローは清潔で繊細でロマンチストで、私の予想通りゲイだったよ。彼の歌のスタイルはというと、バラードを歌う時の高橋克典＋河村隆一÷2というかね。熱く、クドく、ロマンチックな歌声だった。ヘルパーのルバンはバスク地方の伝統的な打楽器をかきならして「腹がへった」ソングを熱唱。逆カミーノのアルベルトはカミーノのあの合言葉（おまじない）が盛り込まれた名曲を、太鼓をガンガンたたきながら歌ってくれた。全員のかけ声が夜の草原に響き渡る。

「ウルトレイア！（もっと遠くへ）

ウルトレイア――――ッ！（もっと遠くへ）」

私の出し物はというと、いや、出し物じゃないんだけど、最近すっかりお得意になってしまった、いつものカミーノの動機説明をウィローに促されてやることに。

「わ――――っ、トモコ待って！　その前に私、トイレ行きたいからまだ喋らないで！」

ビクトリアにそう言われた分まで、いつもよりテンションをあげて話しましたよ。夫婦の出会いと別居から今日までのハイライトを、夫のものまねや楽しい（？）解説付きで、ひとり芝居込みで。乏しい英語力は迫真の演技でカバーさ♪　カリフォルニア娘のケイティは目を丸くして、

「あなたの口からその言葉（ファッキン）が出るとは思いもしなかった！」

と手をたたき、デンマークのシングルマザーふたりには、

「哀れな話なのに笑える――！　ファッキン・カミーノだなんて初めて聞いたわ。まじめに歩いているあたしたちがバカみたいじゃないの――」

と腹をかかえられ、全員から「あんた日本人じゃないでしょー？」と笑われた。

「サンキュー♪（それはどうも）」

オリーブの種を口から飛ばしあいながら、いつまでも楽しい夜にひたっていた。

## 【17日目】　サン・ボール〜プエンテ・フィテロ（歩行距離20km）

サンティアゴ・デ・コンポステーラまでここから450キロ。

もう全体の半分近く歩いている！　いよいよ後半戦、下半期だべ！

午前中はどんよりと曇ったラクラクカミーノで、ホンタナスという村に入っていく道は、「わーっ、こんなにロマンチックな村の現れかたってアリ？」と思うぐらいキレイだった。

いつもは丘の上に村があるパターンが多いんだけど、この村は坂道の下から姿を現すパターン。道の両わきの、石で積まれた塀のすきまから赤い花がいっぱい咲いて伸びててね。その花の道を下りていくと、坂の下から少しずつ教会の屋根が見えてきて。空は曇っているのに、その花の赤い色だけがモノクロの写真の中で浮かび上がっているみたいに見えたよ。

……あれ、この花の名前なんだっけ？　後ろからやってきたアルゼンチンの女の子にきいてみたらこれはポピーよと教えてくれた。

「でもこの花、私はスペイン語の名前のほうが好きなんだ。アマポーラっていうの」

アマポーラ。そんな古い歌があったっけ。

カストロヘリスという、中世の城砦が残る町を歩いていると、オランダ人の熟年夫婦から一緒に写真を撮らせてほしいと声をかけられた。

「あなた巡礼者なの？　ワ──オ、本当にいるのね。会えてうれしいわ。ピレネーからここまでずっと歩いてきたの？　何日かかって？　サンティアゴ・デ・コンポステーラまで行くのね？　国籍は？　お仕事は？　ところで、なんで歩こうと思ったの？」

ちょっとしたインタビューみたいだったが、夫人は私の答えすべてに満足している様子だった。ここでペリグリーノに会うのは、京都へ行って舞妓さんに遭遇するようなものかしら。って、それほどじゃないか。

午後はモステラレス峠越えという大仕事が用意されていた。一日のうちで最も気温が上がる午後2時に、なぜ峠越え？　そもそもメセタは平らなはずなのになぜ峠？　そして、なぜ日陰がない？　ポルケ、ポルケ、ポルケ──？　と、ポルケ（なぜ）の嵐。町との高低差110メートルの峠は一見たいしたことなさそうだったけれど、歩いてみたらこれがしっかり遠くて、歩いても歩いても終わらぬ〝いじめロード〟。タオルで顔を覆っていると坂道では呼吸が苦しいぐらいだった。

そろそろ私も朝6時ぐらいから歩き始めないとダメかなー。無理だよな〜。

逆カミーノのアルベルトが「行くといいよ」とすすめていたエルミータ・サン・ニコラス教会は、またもや何もない草原の道のわきにポツンとあった。このアルベルゲではペリグリーノの足を洗う儀式があるらしい。11〜12世紀の巡礼最盛期の頃から、修道士や修道女たちは巡礼者の汚れた足を洗っていたそうだ。歓迎と慈善の象徴として。

そして今日《こんにち》も、このアルベルゲは食事付き、足洗いの儀式付きで宿泊無料（寄付制）だなんて、何てありがたいの――！

と思いながら建物内を見まわしたら、その教会の中に置かれた10台ほどの2段ベッドはぜんぶ埋まっていた。残念。もう午後5時半、着くのが遅すぎたか！　次の村まで歩くしかないと腹をくくっていたら、ハンチングをかぶったこぎれいなオスピタレーロ（管理人）が提案してくれた。

「寝袋は持ってますよね？　予備のマットレスがあるから、かまわなければあそこに敷いて寝てもらってもいいですよ。今日はあともうふたり、あそこに寝ますけど」

彼が指をさした先は祭壇の上だった。

ここも電気はトイレとシャワー小屋にしかついていない。庭の井戸の水で洗濯をすませて、「は――っ」と息をついたら、芝生の上でくつろいでいたセンチメンタルシンガーのウイローから声をかけられた。

「トモコー！　ずいぶん〝早い〟ご到着だったね。俺はかれこれ1時間半前には着いたよ」

あら、それはいいこった。しかし確かに、朝同時に出発したのにこの違いは何なんだ⁉

「それからこの彼はイタリア人のダリオ。自主制作のドキュメンタリーを撮りながらカミーノを歩いてるんだ。へんな日本人の女がいるって、宣伝しといてあげたから、あとでダリオからインタビューの申し出があるかもよ。あ、宣伝料は特別プライスの8ユーロでいい！」

ウィローの隣で、そのダリオという若者がニコニコと笑っていた。


巡礼者の足を洗う儀式は、さっきのハンチングのドイツ人オスピタレーロが行った。私よりは若そうに見えたけど、ハンチングをとったら彼の頭はつるっぱげで、儀式用のマントを着けると本当に神父か修道士に見える。儀式の中で巡礼者の名前を呼ばなければならないらしく、さっき私の名前を2回ぐらい確認しにきたが大丈夫だろうか。

「トモコなんて発音が難しいから、スシでもワサビでもいいよ」

なーんて言って彼を余計混乱させてしまったのか、本番でも彼は「トコ、モコ……」と口ごもってしまったよ、ごめんなさい。しかしそのあと彼は私の足元にひざまずき、銀のボールに入った水を私のつま先にかけてこう言ってくれたのだ。

「親愛なるトモコさん、キリストの名のもとに、あなたをこのサン・ニコラス・アルベルゲへ歓迎します。ここに滞在し、サンティアゴ・デ・コンポステーラへの旅を続けるための強さを養われますように」

強さ、strength（ストレンス）。子供の頃から「強い」と言われることが多くて、強くなんかなりたくない、自分はスーパーヒーローに守られて生きるんだと思っていた。でも、今の自分には強さが必要だ。カミーノがそんな弱った自分を励ましてくれている。無料で泊めてもらえるだけでもありがたいのに、こうして祈ってもらえるなんて。泣、か、せ、る、ぜ！

マカロニサラダとトマトソースのマカロニという、マカロニづくしなディナーについてウイローと語りながら（結論：ドラゴンがいなければ何でもウマイ！）ワインをいただいた。私の正面には、あの草原の移動カフェや、サント・ドミンゴ・デ・ラ・カルサーダのアルベルゲでフルートを吹いていた白髪のイギリス人が座っていた。名前はシッド（50）。彼もマーサと並ぶぐらいすっかり有名人だから知っている。BBC英国放送みたいなきっちりとした英語を話す人。総白髪の長髪に長いヒゲだから見た目は仙人だけど、細い顔はよく見るといしだ壱成みたいでハンサムかもしれない。完璧な英語で喋りかけられて少し緊張した。

足を洗う儀式。「感動して涙が出そうだった」とサラ。私は離婚の心がまえもできますように……

カミーノもいよいよ盛り上がってまいりました！
なんかもー、みんな知りあったばっかりとは思えん！

「へ〜、キミは日本人なんだ。ミヤザキハヤオのアニメは好き？　ねぇ、すごいよね、彼の作品、素晴らしいよね！　あれが流行《はや》らないイギリスはおかしいよ！」

彼はよくいるアニメ好きの西洋人以上にいろいろな角度から宮﨑アニメを絶賛し、どういう流れだったかすっかり忘れたが天照大御神《あまてらすおおみかみ》についても力説し始めた。「それならお守りを持ってるよ」と、私がバックパックの中に入れておいた天照大御神のお守りを見せてあげたら「おぉ！」と手にとってじっくり観賞。出雲大社のついで（失礼）に行った島根県の日御碕《ひのみさき》神社で、姉が買ってくれたお守りだった。

15人ぐらいのペリグリーノが長テーブルを囲んでワインを飲みながら、思い思いに、テキトーに席移動しながらくっちゃべる。今日ここで再会したサラは双子の妹、フランチェスカと一緒にいた。姉のサラとは違うしとやかな印象の美人。さっきからひとりの男につかまっているなと思ったら、夕食前の儀式では神父役だったオスピタレーロの彼ではないか！

「あのドイツ人の管理人、今、フランチェスカを口説《くど》き中だよね。やるよな！」

「神に仕える男がいきなりナンパ師かよ！」

「アモーレ、アモーレ！」

隣に座っていたイタリア人男性の体育教師と私は、そのナンパ風景をさかなにワインをあおる。先生は、20代で離婚してから53歳になる今までずっと独身なんだって。

「あなたもバツイチ？　じゃあ僕なんかどーよ？　一緒にサンティアゴまで歩いちゃう？

でも私、公務員だからね、あと15日でゴールしなきゃいけないの。一日30キロ計算」

「ははは、ムリですよー。ところでもうすぐワインが終わるけど、あっちのテーブルのあまりを持ってきましょうか」

「そうだね、チーズのあまりもあの引き出しの中にしまってるの、さっき見たよ。管理人の彼はナンパで忙しいから盗ってもバレないだろ」

　私たちは「お前が行け！」「いや先生が！」とアゴでつつき合い、結局先生が本当に引き出しの中から巨大なチーズのかたまりを拝借してきてそのへんにいた人たちにふるまった。

　ワイン、盗んだチーズ、ナンパ、アマテラスオオミカミ、ウィローの熱唱……。私が、

「サラの歌も聞きたい！」

　とリクエストしたらサラもギターを弾きながら歌ってくれたよ。ポルトガルのファドを思わせるような、カッコよくて、情熱的で、セクシーな歌声だった。

　祭壇の上にマットを敷いて寝るなんて、人生何が起こるか分からない。隣のシッドに背を向けて、聖ヤコブ様の肖像画に見守られて寝袋にくるまった。

　神様、おやすみなさい！

## 【18日目】プエンテ・フィテロ〜ポブラシオン・デ・カンポス（歩行距離 20km）

あれっ、前を歩いている、あの重そうなテントをかついだタンクトップの男は3ユーロボーイじゃないの？

エルミータ・サン・ニコラス教会のアルベルゲを出てから10キロほど歩き、18世紀に造られたという小さな運河（水路）にさしかかったあたりで気がついた。

おとといの草原の一軒家アルベルゲでの夜、みんなで夕食を食べている時にやってきて、「ここは宿泊料いくらですか？ 寄付制ですか？ 僕、3ユーロしか出せないけどいいかな？ 庭にテントを張らせてもらうだけでいいんだけど」

とビクトリアにきいていた男だ。40歳ぐらいに見えるけど、ずいぶん正直な人だなと思った。3ユーロしか出せないって……。それでデンマークのシングルマザーたちと「あの3ユーロボーイさぁ」と、勝手にあだなをつけてあれこれ心配していたのだ。彼はドイツ人で、コリンという名前だった。ナイジェリア人の奥さんと離婚して今は独身。たまにしか会えないけれど、3歳の娘に会うのが一番の楽しみなんだって。

「ロンドンで庭師の仕事をしてたんだけど、仕事がなくなっちゃって、今は養育費が大変。

でもひとりでキャンプしながら歩くのは好きで毎年やってるんだ。お金もかからないしね」

それで3ユーロだったのか！

お昼すぎにはフロミスタという町に着いた。11世紀に建てられた、ロマネスク様式のサン・マルティン教会がある町。ところがまわりは新しいレストランやカフェだらけで、メインストリートもコンクリートで、うーん……違和感。中世の香りが残る村ばかり通ってきたから目が肥えてきたのか。ローラースケートでもできそうな、四角い広場にがっかりした。

でも今晩この村では音楽会があって、ハープ奏者のマーサが弾くらしい、と昨日の教会宿で話題になっていたから、昨日のメンバーはみんなここに集まるんだろうか。

といっても今日はまだ16キロしか歩いてないし、どーすっかなー。

うっすら迷いながらも足はコリンにつられてアルベルゲにチェックインしてしまった。ところが汗だくのまま、やや無愛想なスタッフに受付で待たされているうちに気が変わり……。

「コリン、私、やっぱり今日はもうちょっと歩くわ」

なんだかね、どーしてもこの町、バルや土産屋のテントが並んでいて町全体がおもちゃというか、プラスチックというか、退屈なアメリカ郊外のニュータウンというか……。昨日やおとといの草原の中の宿が美しすぎただけに、ん――――っ、アグリー！（ぶさいく）

ビール休憩だけして、4キロ先まで歩いて次の村のアルベルゲに入ったら、一泊たったの3ユーロだと言われ、受付のセニョーラが微笑みながら冷たい水と白ワインを出してくれた。も〜、あいしてる♡ 外に出ると、芝生の庭にデンマークのシングルマザーズが寝転がっていた。それからフルート吹きのシッドが部屋で難しそうな本を読んでいて、そのあとにドイツ人のナンパ管理人と、イタリア人ビデオカメラマンのダリオもやってきた。ナンパ管理人はクリスチャンという名前で、昨日であの教会宿での2週間のボランティアを終えて、今日からペリグリーノとして歩きを再開したらしい。

全員、私と同じ理由で前の町フロミスタに泊まるのをやめたと言っていた。

気が合うね！

「このカミーノが終わったら私、今のコペンハーゲンでの生活をひきはらって、〝島〟で暮らそうと思ってるの。デンマークにある島のひとつ。15歳の息子も賛成してくれてるの」

シングルマザーズのひとり、ブリジット（42）とふたりでレストランへ行くと、彼女がゆっくりと豚のカツレツにナイフを入れながら話してくれた。ヒーリストである彼女は、コペンハーゲンでヒーリングのサロンを開いている。仕事は順調。でも自然豊かなその島に息子とふたりで移りたい、生活環境を変えてみたい……。

そしてそんな大きな決心をする時のコツを教えてくれた。

「何か悩みがあると私、いつも書き出すの。いるもの、いらないもの、メリット、デメリット、優先順位。まず、今のコペンハーゲンでの生活で私が必要としているものを書き出してみたのね。息子、サロン、友達、お気に入りのカフェ、スポーツジム、スーパー、車……。でも見ているうちに〝お気に入りのカフェ？　家で海見ながら飲んだほうがおいしいかも〟〝親や友達？　1ヵ月に一度帰ってきて会えばいい〟なんてことになっていって、最後は結局全部線で消せちゃった。それに対して島の好きなところを書き出してみたら、消せないものだらけだったの。美しい海や山だから」

離婚後に出会った「人生最愛の人」と去年別れてしまったことも、移住に関係しているようだった。でも、そんな人に出会えたんだね？

「トモコ、離婚は人生の終わりじゃないのよ。確かにあなたの〝ファッキン・ハズバンド〟とやらは（笑）、あなたをひどく傷つけた。うちは夫の浮気が離婚の原因だったんだけど、そのつらい気持ちはよく分かるわ。でも信じて、いつかあなた、きっと彼に対して、私と離婚してくれてありがとうって感謝する日が来るわ。だって彼はあなたを自由にしてくれて、そのおかげであなたはこれから〝ライトマン〟に出会えるんだから」

Right man、ふさわしい男。

私の手を乱暴にふり払って出ていった夫に対して「感謝」だなんて、今はとてもじゃないけど思えないよ。

「私は離婚から立ち直るのに3年かかった。嫌いで別れたのでなければあなたももうしばらくかかると思う。でもライトマンはしかるべき時にきっと現れる。そういうものなのよ」

ブリジットのこの、優しいお母さんみたいな雰囲気というか、落ち着きはどこから来るんだろう。優しく包み込まれてるみたいで、彼女と話しているといつも安心できる。

「ところであなた、ダリオってどう思う？　あの子、髪もボサボサでカッコイイってのとはちょっと違うけど、すごいキレイな目をしてない？　あたし、さっきドキッとしちゃった」

ダリオってあの、昨日の教会でビデオカメラをまわしていたイタリア人？

ディナーを食べ終えて部屋に戻ると、そのダリオと元管理人・クリスチャンのビンボー男子ふたり組がパンと缶詰を広げてパーティをやっていた。

わ——っ、前方からヤギ集団が！　まさか、彼ら
も逆カミーノの人？　いや、逆カミーノのヤギ？

アンダルシアの歳の差カップル。奥さんが私にこっそり
「2回目の結婚なのよ」と言ってウィンクしてたよ！

【19日目】　ポブラシオン・デ・カンポス〜カリオン・デ・ロス・コンデス（歩行距離 15km）

定規で線を水平に引っ張ったような、長く永遠に終わらない平均台のような、不動産屋さんと一緒に見に行った部屋でパチンコ玉を足元に転がしたらすぐ止まりそうな、とにかく見渡す限りひたすらフラットな草原の一本道を歩いた。こんなにどこまでも平たくて何にもない焦げ付いた土地を、バスでも鉄道でもなく、歩きで移動しているなんてきっとみんな頭がイカレているに違いない。舞台で、役者の背景だけが巻物みたいにグルグル動いて歩いているように見せるトリックがあるけれど、あれの景色が変わらない版だな（あれ、伝わってる？）。とにかく今日も、メセタのど真ん中に置かれたウォーキングマシンの上で足を出し続けた。……っと、こんなふうにひとりで比喩大会をやりながら14キロを歩き終えましたよ、おつかれ〜。

さて、今日の15キロ地点に着いた時の二択。

1．この先17キロ、何にもなし。アルベルゲはもちろん、村もバルも店も、たぶん木陰すらない地獄メセタだが、がんばって今日のうちに距離をかせいでおく。歩けば計32キロ。

2．今日はここで打ち止めにして、午後のくつろぎタイムを楽しむ。

答えは即決で2番ナリ〜〜！　午後2時、このどえらい日差しの下で1を選ぶのは自殺行為でしょう。17キロも何もないなんてコース最長。少なくとも午前中にスタートしないとね。

決定、本日閉店！

洗濯をすませてフラフラと村のバルに入ったら、サン・ボールで私の「ファッキン」に驚いていたカリフォルニア娘ケイティがいた。昨日実家に電話しておばあちゃんの死を知らされたらしい。いつものかわいい笑顔を陰らせて、帰国することになったの、と言っていた。

「覚悟はできてたけどやっぱり泣けてきて。でもカミーノに来てよかった。今日はおばあちゃんのことを思いながら歩けたから。この続きのカミーノは次回のお楽しみにするわ」

外のテーブルにふたり並んで、焼けつく通りを眺めながら話しこんだ。

「ところでトモコ、あのイタリア人のダリオの目を見た？　もっさい感じの人だけど、すごーくキレイな茶色の瞳をしてない？　あたし、今日、カメラ向けられて見とれちゃった」

またか。人気じゃん、ダリオ。

夜、違うバルの外のテーブルで簡単な食事をしていたら、その「もっさい」ダリオと元ナンパ管理人のクリスチャンが現れた。

「ダリオーーッ、ケイティがさっき、あんたのこと超カッコイイって言ってたよー」

自分撮りも疲れてきた今日この頃。
あ――、今日も道は平たい――っ！

悪臭広場。デンジャラスゾーン

洗濯物干し場争奪戦！

テキトーに報告して喜ぶオバサン（私）。彼らは今夜、草原でキャンプをするのだという。

「キャンプってまさかあなたたち、男ふたりでひとつのテントに寝るの？　うぁーっ！」

ビンボー男子は無料か格安のアルベルゲにしか泊まらない主義らしかった。しかしこれだけ歩いたあとで、シャワーも浴びずにテント泊って……。クサそ──（汚）。

「ノープロブレム！　それよりトモコ、レディはこんなところでひとりでゴハンなんか食べちゃダメだよ。いくら彼氏がいなくても、女のひとりメシはダメ、絶対にダメ！」

私の向かいに座りこんだクリスチャンはしきりにそのことを指摘した。ドイツ人だけど子供時代はリビアで育ち、学生時代をイギリスで送り、世界のあっちこっちを旅してきた彼。職業は教師、ライター、カメラマンなどいろいろやってきたらしく、おもしろそうな男だ。でもインターナショナルな自由人のようでいて、女のひとりメシは否定しちゃうワケ？

「私、ひとりで外食するのなんか全然平気だよ。むしろ好きかも。イスラム教徒じゃないんだから楽しませてよ。ねぇクリスチャン、あなたって意外と保守的なの？　何歳？」

きいてみたら彼も37歳だった。え、タメ年？　やった、カミーノふたり目の同級生だ。

「サンジューナナ！」

クリスチャン37歳はこの日本語の「サンジューナナ」の発音が気に入ったため、この日からあだなが37（サンジューナナ）になった。

## 【20日目】 カリオン・デ・ロス・コンデス〜テラディィリョス・デ・ロス・テンプラリオス

（歩行距離 26㎞）

17キロ区間、トイレなし・店なし・建物なし・木陰なしのメセタの旅、しゅっぱ――つ。

朝、バルでいつものトスターダ（トースト）とコーヒーの朝食をとって村を抜けたのが9時半頃だったか。とにかく見たところ、村にもう巡礼者は残っておらず、私がビリのようだった。いいさ、いいさ、別に競走じゃないんだから。

しかし10分ぐらい歩いてボウリングのレーンのような草原の中の一本道に立つと、もうひとりのペリグリーノがいた。瞳がキレイだと噂の（ふたりからしか聞いてないけど）イタリア人のビデオカメラマン、ダリオ。野鳥か花でも撮っているのか、道のわきに三脚をセットして、ずっと向こうの原っぱにレンズを向けてのぞいていた。

「ハハハハ……今、ここを通過する？　ほかのペリグリーノはとっくにもう通りすぎていったよ。キミが最後だ」

こんなところで撮影なんかして、お前こそ最後だろうよ。

サン・ニコラス教会ではペリグリーノたちの食事風景、団らん風景、足を洗う儀式など、あらゆるシーンでカメラを回し、何人かのインタビューも撮影していたようだった。私はイスに座って足のアンポイヤ（マメ）と格闘しているところを撮られた。

「カミーノでみんなにジャーナリストって言われるけど違うんだ。ボクは芸能人や政治家にマイクを向けて突っ立ってるだけの音声さん。貧しい32歳の、フリーのテレビマンだよ」

でも本当は音声よりも映像のほうに興味があって、このカミーノ・ドキュメンタリーの制作を思いついたらしい。機材やテントを合わせると、荷物は25キロ。私の7キロでも重いのに信じられない。昨日はここでキャンプをしたら、星空が「想像可能範囲外」の迫力と美しさだったと言っていた。……はは〜ん、なるほど。この人の噂の目、ギリシャ人とパキスタン人をかけあわせたような彫刻みたいな目をしてるな。だけど二重のたれ下がり具合はイタリアン。草原地帯に張られたテントのわきで、彼は子供の頃見た日本のアニメ『アタックNo.1』について語りながら、キウイの皮をむいて私に渡してくれた。

「………ん、何コレ、おいしい!!　こんなにみずみずしいキウイ食べたの生まれて初めてだよ。びっくりした。どうもありがとう！」

誰もいない一面の草世界で（?）、朝日に向かって食べたキウイも「想像可能範囲外」のおいしさだった。お礼を言って出発。ところが200メートルぐらい歩いたところでダリオが私の杖を持って走ってきた。あ、杖、置き忘れちゃったね。ありがと。

気温は時間の経過とともにグングンと上がっていく。いまいましい太陽光線め！　気のきいた木陰もまったく見当たらない。ここも車で走ったら気持ちよさそうだけどな〜。暑さで意識が朦朧《もうろう》とした中でふとサングラスを外すと、30秒間ぐらい、地面が動く歩道みたいにグイグイ動いて見えることがあるが、大丈夫か、オレ？

もうすぐだ、がんばれ、ビールが待っている！（それだけが励みだ）

村に着いてバルの前を通ったら、外のテーブルでシングルマザーズと、ナンパ管理人〝サンジューナナ〟（以下、〝37〟）が休憩中だった。私が至福のビールを飲み始めたところでダリオもやってきた。

「いいつまみがある！」

私は生ハムを所持していたことを思い出してバッグの中からとりだし、銀紙をあけてみたが薄いハムとハムがべっとりくっついていた。

「ショック！　何、この濡れたジャーキーみたいなハムは。そりゃこの暑さだよ、溶けるよ。あたしの体だって溶けてるはずだよ。なのにせっかくのお楽しみが、あああー……（泣）」

心から悔しがる私を見てシングルマザーズは笑い、節約派の37とダリオは「おえっ！」と言いながらもつまんで手持ちのパンと一緒に食べていた。その時、バルの店内から派手に皿

撮影中のダリオとどこまでも続く一本道。野鳥よりもこの道を撮れ！

クリスチャン〝37″

美しきシングルマザーズ♥

が割れる音。バリ――――ン！

「……3ユーロ！」

ボソッと店の損失額（想定）を口に出すとシングルマザーズのグロウが手をたたきながら言った。

「トモコ、あんたって……（笑）。あたし、心からあなたにいい夫が見つかることを願うわ」

その女弁護士・グロウに、夜はグッドニュース。彼女が新しい大きな仕事をゲットしたとかで、祝い酒（スパークリングワイン）をみんなにふるまってくれた。解雇されてカミーノに来た話を聞いていたから、こっちまでうれぴー。

もうひとつはバッドニュース。今日このアルベルゲで再会したサラの双子の妹フランチェスカが足を痛めてしまい「もうこれ以上は歩けないかも」と言っていたのが気になる。37はまたナンパ管理人に戻って、そんなフランチェスカの足の冷却を全力でサポートしていた。

ダリオはテントで寝るため町はずれへ消え、ほかのペリグリーノは広場のお祭りへ。でもわしゃもうそんな元気ないよ。にぎやかな音楽と花火の音を遠くに聞きながら眠りにおちた。

## 【21日目】テラディリョス・デ・ロス・テンプラリオス〜バルシアノス・デル・レアル・カミーノ（歩行距離　24㎞）

暑い一日だった。

本当は、毎日この出だしで書き始めたいぐらいに暑い。いや、それでも湿度がないから、観光でスペインへ来た人なら、

「日中は暑いけど、日陰に入ればカラッとしてるわよねー」

なんて言うかもしれない。気温はせいぜい33度ぐらいのはず。でもだ。想像してみてもらいたい（なぜシリアス口調？）。あなたがもし、日当たり良好のベランダに干されっぱなしの洗濯物だとしたら。または、地中海のビーチに寝そべるマーメードだとしたら。ジリジリと紫外線を浴びていれば数十分で背中が焦げてくる。いいよねぇ、バカンスなら。ところが我々はそんな太陽の下で、一日7〜8時間も足を前に出しっぱなしなんですよ！　ずっと歩き続けているんですよ！　今日は24キロほぼ日陰なし、日景忠男もびっくりですよ！

フランチェスカの足はもう限界に来ているのか、お昼に会った時はだいぶつらそうだった。

「セルベッサ、ポルファボール！（ビール下さーい）」

こんな日は飲まないとやってられない。いや、飲むのは私だけど。

朝8時に出て、アルベルゲに着いたのが夕方6時半。10時間半も歩いてしまった！　ランチ休憩も長かったけど、午後が暑すぎて、公園の日陰で昼寝をしたり書きものをしたりして、ちょこちょこ止まったもんなー。着いた瞬間、外で涼んでいたほかのペリグリーノたちがパラパラと「おつかれ」の拍手をしてくれた。いかにもビリのゴールって感じだわ〜。

受付のボランティアのオバ様が差し出してくれた冷たいレモン水は、風呂上がりのビールの100倍ぐらいうまかったよ。

「こんなに暑いんだから、遅くとも、午後2時をすぎたら歩くのをやめないとダメよ！」

まったくその通りだ。しかしこうやって注意してもらうのって、お母さんに注意されてるみたいでなんか嬉しいな〜（デレデレ）。

いや、喜んでいる場合ではない。いよいよ私も、朝5時に起きて6時から歩き始めないといけないかも！……って、この日記でも何度か言うだけは言ってるような気がするけど、なかなかできない朝の5時起き。夜明け前に起きて懐中電灯で準備して、しかも朝の混雑時にトイレに入らなければならないリスクを背負う。ん〜、気が乗らない。

しかしこんな私よりも今日、さらに遅く到着したペリグリーノがひとりいた。本日のレイト・チェックイン大賞は……もちろんイタリア人のダリオでした〜♪　今日もどっかの教会の前に三脚立てて居座ってたもんね〜。

カメラ目線のブリジット。「あなたにもライトマンがきっと現れるわ」のポーズで（腰に手当ててるだけ!?）

今日のボカディージョ、生ハムのっかりすぎ♥

自己紹介タ〜イム♪（名前と国籍だけ）

食事の前にはフランス語の歌詞カードが配られ、カミーノの歌をみんなで合唱。フランス語が読めない私は、口パクと微笑みでごまかし、ありがたく無料のディナー（もちろん今日もトマトソースのパスタ！）をいただいた。

そして外で皿を洗い終わると、アルベルゲ内の空いているフロアを借りてヒーリング＆レイキマスターのブリジットから、ヒーリングをご口授いただこうということに。参加者はクリスチャン37とサラとグロウと私。全員で輪になってひとりずつイスに座り、目を閉じた。

「じゃあまずはストレッチみたいなことをやるわね。大きく息を吸って、吐いて。体の中にたまっている疲れやストレスをスーッとはき出す感じでね。………もうガマンしなくていいのよ、解放してあげましょう。足の裏で大地を感じましょう」

言われた通り、隣の人の手をにぎって5分ほど、そのストレッチをやっていたら、なぜか涙がポロポロあふれてきたよ。何か、ホッとしたのかな。それでサラや37に、

「まだ始まってもいないのに泣くなよー」

と笑われたんだけど、その笑いもすごくあたたかいものであり……。なんでこんな短期間で「泣くなよ」なんて突っ込んでくれる友達ができたんだよ、横にいるんだよ！　こうやって、涙をさらけ出せてるんだよ！　ありがとうカミーノ！　そんな安心の涙だったのかも。

肝心のヒーリングは私の場合、ウンともスンとも「来ません」だったんだけどね。

**【22日目】** バルシアノス・デル・レアル・カミーノ〜エル・ブルゴ・ラネロ（歩行距離 8㎞）

やれやれ、今朝ものろのろしていたら、いや、のろのろしているつもりなんかまったくないんだけど、ごく普通に起きて荷物をまとめて部屋を出ようとしたらビリ。ビリではないが、朝っぱらから室内風景を撮影中のダリオしかもう部屋に残ってないじゃん！

ノー、ノー。ちがう、ちがう。そんなことより、

……かゆい。…………かゆいかゆいかゆいかゆいかゆいかゆいかゆい、かゆい、

か——ゆい、よ——————っ。

昨日の夜は体中、あちこちを蚊やダニにカリカリモグモグと嚙まれ、あせもも加わって突然モーレツなかゆみに襲われた。一晩中もがき苦しむ、かゆみ地獄。体の向きを変えるだけで2段ベッドのスプリングがキーキーと唸り、寝ている人たちの迷惑になるから空いているベッドに移るとかシャワーを浴びて着替えるとかもできず、できたのは暗闇で虫よけスプレーと軟膏を探し出したことぐらい。ホテルじゃないから受付もなく建物全体が真っ暗で、ひ

出発前、歩く道を確認する37、靴ひもを結ぶ双子、撮影
するイタリア人、それをまた撮影する日本人（私）

還暦記念の10日間カミーノチーム（仏）

とりで起きていられる場所というものがない。で、どうしたか。しょうがないからダニか南京虫が潜んでいるであろうベッドに横になり、じーっと目を閉じて蚊に刺されるがまま、犯されるまま……。掻《か》く、掻く、掻く、汗、汗、汗。ファッキンひどい夜だった。

かゆい！　朝食の時にその話をしていたら、それを聞きつけたアルベルゲのスタッフ3人がやってきて私の刺され跡をじっくり観察。

「これは蚊とあせもだわ。ダニじゃないわね！」

「うん、うちのベッドは清潔だから、ダニは住まないはずだ」

なんだって？　そんなに自信満々に言われるとこっちも自信がなくなるが、

「でもこの腕の、刺され跡が4つ並んでるのは明らかにダニじゃないですかね？」

と、強気に出てみたぜ。でもそのあとに、

「……でもあれ、ひょっとしてまさか、私の寝袋に潜んでたりして？」

って、また引いてどうするよ、オレ！

「そうだわ！　絶対あなたのモチーラ（バックパック）にダニがいるのよ。早めに全部中のものを出して洗うか、干すかしたほうがいいわ」

結局私のモチーラのせいにされてしまった。とにかく〝うちのベッドにダニなんかいるわけないんだから、変な噂たてないでちょうだい〃という営業魂がひしひしと感じられたよ。

かゆい！

ここまでくると、どこにダニがいたのかなんてもうどうだっていい。とにかく今かゆい、そして眠い。昨日10時間も歩いたのに、一睡もできなかったんだから。

よって本日は次の村まで、たったの8キロだけ歩いてカミーノ終了。午前11時半到着、アルベルゲに一番乗りするなんて、ガブリエルか！（車は使ってないけど）オープンまで庭のデッキチェアで2時間熟睡したら少し生き返ったけどね。

8キロしか歩いていないから、みんなに遅れをとっちゃったようだ。さすがに今日のアルベルゲでは知っている顔が誰もいない。ま、それはそれで新たな流れに身をまかせ……。

足をねんざしたフランチェスカが、今日はタクシーを呼んでカミーノを去って行った。しばらく一緒に過ごしたデンマークのシングルマザーズとも今朝お別れ。彼女たちみたいに、短い休暇を使って歩きに来る人も多くて、みんなちょこちょこ消えていくから淋ぴーよ〜。

かゆい！

## 【23日目】　エル・ブルゴ・ラネロ～マンシリャ・デ・ラス・ムラス（歩行距離19km）

早起き成功！

グッドモ～ニ～ング♪　早起きって何て素晴らしいの――。

〝暗がり懐中電灯パッキング〟をやりとげて、早朝6時35分には道の上に立っていたもんね。私だってやればできるじゃ――ん。天才！

しかし今度は右の頰《ほお》が新たに10ヵ所ぐらい虫に刺されていた。昨日の宿もダニ宿だったのか、それとも飛び火したのか。たとえば足を掻いた手で顔をさわったとか、そーゆーこと？ほっぺた全体が腫《は》れて熱を持っているみたい。連日暑いところを歩きすぎて、だいぶ体力も奪われちゃったんだろうと思う。弱っている時に生理が来るとダニを呼び寄せてしまう、いつものパターンだ。こんな状態でよく熟睡できたよな。相当疲れがたまっていたんだろう。

顔は痛々しいけど、かゆみはそんなにないから歩くことはできた。早朝からサッサと歩いて、草原の向こうに昇る太陽を眺め、朝の空気をたっぷり吸って、10時前には13キロ地点のカフェに座って優雅にヒーコー（コーヒー）飲んでたもんね（さらに自慢！）。

11時を過ぎると日差しがキツくなったけど、11時45分にはゴールイン。平坦なメセタの道

韓国人のキムさん。皆がやせ細っていく中、スペインの
お菓子にハマりすぎてカミーノ太り中なのが悩みらしい

道に立っていたペリグリーノ。
ブ、ブエン・カミーノ！

を合計19キロ、あっさりやっつけちゃった！（しつこい？）

分かってはいたことだけど、いつもみたいに午後のギラギラ激暑アワーに歩くのとでは、疲れの種類や体への負担がまったく違っていた。午前カミーノのほうが倍ぐらいラク！　一番乗りだったから、部屋に一台しかないノーマルベッド（2段ベッドではない！）も余裕でゲットできていいことづくし。

ふだん夕方5時ぐらいにゴールすると、シャワーや洗濯をとっくに終えたペリグリーノたちが庭で涼し気《げ》に寝転んでいて、その（まだ歩いてるバカがいたの〜？）という余裕の笑みを目にするたびに「いつか私もあっち側へ行こう」と夢見ていたんだけど、ついにその日がきたぜ。

アルベルゲのスタッフに、顔や足の虫刺され跡を見せていいクスリはないかときいてみた。

「ぎゃっ、これはひどいわね。どこのアルベルゲでやられたの？……あぁ、あそこはダニが出るわよ。うちにも軟膏ならあるけど、これなら薬局か病院へ行ったほうがいいわ」

そして薬局でも同じように病院（セントロメディコ）をすすめられ、その足で町はずれの病院へ行った。歩いて15分で行ける場所にあって助かった。

カミーノ中のペリグリーノの医療費は無料とは聞いていたけど本当に、パスポートを出しただけで免除してもらえたよ。ありがとう、スペイン政府！

「プルガだね。それかチンチェ」

ドクターによると私の刺され跡は、ダニでも蚊でもない、プルガ（ノミ）、またはチンチェと呼ばれる蚊より少し大きい虫に刺されたのだろう、ということだった。

プルガ？　チンチェ？　なんだよそれ！　バカにしやがって！

「チンチェ」って名前の響きからして腹がたつっチェ、かゆいっチェ！

処方箋を出してもらい、塗り薬と飲み薬で22ユーロ。本当に、払ったのは薬代だけだった。

今日のアルベルゲも新しいお友達ばかりで転校生気分。この刺され跡をせっかくだから誰かに見せびらかしたいけどそんな相手がいないのがちょっと淋しい。まぁ、こんな顔じゃ恥ずかしくて、誰とも喋りたくもないけどさ。プルガの集中攻撃がすごすぎて、足のマメは気にならなくなってきた。「足にマメができるのは、心の荷物を背負ってる証拠さ♪」なんて、シンガーのウィローが花輪くん口調で言ってたけど（私の場合は一日30キロ以上歩いた証拠！）、プルガにやられるのはウィロー的には何の証拠なんだろう。「なんだい、まだ道の上に荷物を降ろせていないのかい、ベイビ～!?」ってまた言われちゃうかな。ともかく一連のプルガ事件で疲れたわ、眠い。

サンティアゴ・デ・コンポステーラまであと約353キロ。半分切ったか！

## 【24日目】マンシリャ・デ・ラス・ムラス～レオン（歩行距離 20㎞）

ひひひ、今日も早起き大成功！　ドイツ人の親子と道のわきになっていたチェリーをもいで食べ、大都会・レオンが道の向こうに見えた時はまだ午前中だったかの～ぉ（したり顔で）。

体力にゆとりがあったから、郊外の激安衣料品店で服まで買っちゃったぞよ。暑さ対策に、超薄手の長そでTシャツと、インド綿のゆるゆるパンツ。

大通り沿いのビルの中にあるアルベルゲに着くのも早すぎて、オープン時間まで待機した。韓国人の男の子とふたりでボーッと、20分ぐらいは階段の踊り場に体育座りで待ってたかな。

「……ねぇ、思ったんだけど、ここって、まだ町の中心じゃなくない？」

私が突然沈黙を破ると彼はぽかんと口をあけていた。しかしどうもおかしい。ここはアルベルゲには違いないが、外の様子がまだ町の中心って感じではなかったのだ。

「あのー、ここってレオンのセントロ（中心）ですか？」

掃除のおばちゃんにきいてみると、

「ノー、ここはセントロじゃないよ。ここから30分ぐらい歩けばレオン自慢の大きなカテドラルがある旧市街に出られるわ。そっちにもアルベルゲがあるから」

やっぱり！　どうりで待機しているペリグリーノがふたりしかいないはずだよ、撤収！

美しいレオン旧市街の中にあるちゃんとした（有名&公式）修道院アルベルゲに着くと、〝サンジューナナ〟ことドイツ男37歳と、イタリア人ビデオカメラマンのダリオが外のテーブルでまたパンとオイルサーディンのランチを広げていた。「まずっ！」と言いながらも飲んでいるワインは一本1・8ユーロ。彼らは今夜行われるFIFAワールドカップ準々決勝、スペイン×パラグアイ戦の中継を見るためにこの町にもう一泊するらしい。

「テレビで見るんだから、どこの町で見たって同じなんじゃないの？」

「分かってないなー。大きい町のほうが盛り上がるに決まってるじゃん。お願いすればここに2泊させてもらえるかもしれないけど、俺たちはゲーム後の夜の街の盛り上がりも見たいんだよ。だから今夜はどっかで野宿でもする。なーんてゆーのは口実で、虫に刺されたトモコのことが心配で会いたかったから出発を遅らせたに決まってるじゃん。なぁ、ダリオ！」

今日も口八丁な37の後ろにあるベンチで、さっきのアルベルゲで一緒だった韓国人男子がイビキをかきながら昼寝していた。あれ、どーやって私より先に着いたんだ？

早起きキャンペーン中につき、シャワーを浴びて洗濯を終えてもまだ午後2時（ウハウ

ゴ――――――ル！（ワールドカップサッカー観戦中）

レオン大聖堂。中はひんやり！（嬉）

ハ！）。洋服屋のバーゲンセールをチェックして、ゆっくりと大聖堂を見学してバルに座ったらハープ奏者のマーサがいた。……あれ、あの重いハープを引っ張って歩いているマーサまで、どーして私より先にここに着いてるわけ？

「あたしは時々、バスやタクシーを使ってるから早いのよー」

そ、そうなんだー。そんなマーサと〝再会ビール〟。町まで出てきたおかげでみんなに会えてよかった。夕方着いてたら、間違いなく1軒目のアルベルゲに倒れこんでただろなー。

夜のワールドカップ試合中継は、37やダリオと一緒にスペイン人のオスピタレーロのおっちゃんにくっついて、おっちゃんおすすめのバルで見ることにした。アルベルゲの門限は夜9時半、でも試合中継が終わるのは10時。

「だーかーらー、門の鍵を持ってるこのおっちゃんを仲間につけておけば心配ないだろ？」

37が私のために提案してくれた、賢いアイディアにホレボレしたよ。ところがゲームが終わって、おっちゃんより先に店を出て10時半に帰ってもアルベルゲの門はまだ開いていたわけで……。むしろ、まじめにダッシュで帰ってきたのなんて私だけ？　誰もいねーし。

試合はスペインがパラグアイを破って夜のレオンは大騒ぎ。たぶんスペイン中、大騒ぎ？　ペロー（しかし）、ソイ（私は）、ペリグリーノ（巡礼者）。明日も朝早いから寝よっと。

## 【25日目】レオン～ビリャ・デ・マサリフェ（歩行距離 22㎞）

朝。旧市街の石畳の道の上に立つと、昨日のワールドカップ騒ぎのゴミは清掃車によりキレイに掃除され、水がまかれたあとだった。広場に出ていた気温表示は18度。とても歩きやすい。

例のプルガという虫にやられた跡は、処方してもらった薬が怖いほどよく効いて、患部も体調も良好。でもこんなに、怖いほどよく効くってことは、それだけ強い薬ってことだよね？　だから顔にはあんまり塗らないでおくよ（女優だから）。

町を抜けて5キロぐらい歩くと、カフェが何軒も並んでいるエリアにたどりついた。ところがここがペリグリーノだらけで、座るところを探すのに苦労したぐらい。いきなりの人口増加に、またもやポルケ（なぜ）の嵐。レオンから歩き始める人ってそんなに多いの？

今日のコースはいつもの黄色い矢印通りに行くと交通量の激しいアスファルトの道を歩くことになるから、途中で迂回《うかい》したほうがいいと聞いていた。迂回、迂回！

「おはよう、サンジューナナ！」

羊の群れを眺めながら迂回コースを歩いていると、通りかかった公園にいつものふたりがいた。ハイ、今日も37とダリオの独伊同盟。昨日の試合観戦のあと、彼らはレオンの５つ星ホテル（旧サン・マルコス修道院）の前の広場のベンチで寝たものの早朝から人通りが多くて眠れず、ここへ移動してきたらしい。テントから起きてきたばかりのダリオが公園の水道で髪を洗っていた。まったくよくやるよ、ふたりとも。

そこから先も道は結構混《こ》んでいた。視界のどこかに、常に人、つまりペリグリーノの姿が見える。ゴール手前１００キロからはもっともっと人が増えるらしいけど、高尾山や富士登山なみにジャンジャカ人が歩くのか。ちょっと心配になってきたなー。

静かな集落のアルベルゲに来てみたら、なんだか雰囲気がいつもと違っていた。

もしやこの宿、ソフトにヒッピーの香りがする？　若者が多い？　それもグループの。

たぶん、今日か昨日ぐらいから歩き始めたアメリカ人やオーストラリア人なんだろうけど、カミーノでは聞き慣れない早口のアメリカ英語が飛び交っていた。ほかの言語の人とまざりあっていない、自分たちだけのスピードトーク。彼女たちがビキニ姿で芝生に寝転んでギャーギャー騒ぎ、その横でイタリア男が上半身裸で酒を飲み、マリファナを喫《す》っている。それはいいとしても、誰かのＣＤプレーヤーから流れてくる英語のポップソングがひどすぎた。ひどすぎる。まるでギリシャの島か、イビサ島かどこかのゲストハウスみたいだ。

「シッドさん、そのヒゲ何年剃ってないんスか？」
「37よ、ナンパ必勝法を教えてくれ！」……うそうそ

砂糖の袋まで早く歩けってか!?

そんな中で、少しのあいだ雑音を忘れさせてくれたのは、白馬と一緒にカミーノを歩いているスイス人の女の子・マーラだった。彼女の噂は聞いていたけど、会うのは初めて。

「そう、チューリッヒの家からここまで2ヵ月半、ずっと彼女（馬）と一緒に歩いてきたの。うちが牧場で、彼女は私が世話をまかされている馬。彼女とカミーノを歩くのが夢だったんだー。馬の飼育が仕事みたいなものだから、馬には慣れてるのよ。広い道では結構乗って走ったりもできる。今日はほとんど手綱《たづな》を引いて歩いてきたけどね」

カミーノのコースはほとんど草の大地だからエサには困らないが、馬をつながせてもらえるアルベルゲを探すのに苦労すると言っていた。それにしても、こんなに小さくてかわいい女の子が白馬を連れてカミーノを歩いているなんて、絵になりすぎだろ！　爺《じい》さんがロバを引いている風景なら世界の国々で見てきたけれど、こんなにかわいい馬乗りは初めて。庭につながれた白い馬の名前はセクレ、マーラはまだ21歳だと言っていた。

「おいトモコ、この宿どう思う？　俺、ここ嫌いだよ。でもダリオのテントも疲れてきたしな……。サラもここにいるけど、今日のサラ、いつもと違うみたいなんだ」

「何言ってんの、ビキニガールがいっぱいで嬉しいって、さっき喜んでたじゃん！」

でも37の言いたいことは分かった。国籍も年齢もごちゃまぜの、いつものカミーノの優しい時間とかけ離れたこの雰囲気。昨日からここに泊まっているサラが、イタリア人男子やヒッピー客たちとすでに仲良くなっていることも37的にはおもしろくない様子だった。

「フランチェスカもイタリアに帰っちゃったし、サラもとられて淋しいんでしょ？」

「そーゆーわけじゃないけどさー。ローマから歩いてきてこんな宿、初めてだよ」

えっ……、あんた、ローマから歩いてんの？

「あれ、言わなかったっけ？　今日でカミーノ79日目だよ」

79日目だぁ!?　会うたびに、惚《ほ》れたはれたの「アモーレ（愛）」ばなしばかり聞かされてずいぶんこの男の恋愛履歴書に詳しくなってしまった。今日の昼間は結婚式をドタキャンして別れた年上女性とのことについて、彼女の子供になつかれたのはよかったけど「俺は父親になりたかったわけじゃないんだ」とか、前回のカミーノでできたフィンランド人の彼女とは帰国後しばらくして破局して、「カミーノとリアルライフは違うんだよ！」とか何とか……。

でもまさか、ローマからサンティアゴまで3000キロ歩きに挑戦中の男だったとは知らなかったよ！　そんな男が1時間以上もここに座って、この宿に泊まるか否かをグチグチ悩んでいたことにもびっくりしたけども。ヒッピーっぽい宿なのに、今日はチューリッヒとローマから歩いているプロ級ペリグリーノ（略してプロペリ）がふたりもいるぜ。すげーっ！

## 【26日目】　ビリャ・デ・マサリフェ〜サンティバーニェス・デ・バルデイグレシアス

（歩行距離　19km）

デジカメの様子がおかしい。

いくらレンズを拭いても拭いても、撮った写真の左上に映る黒い影。それは拭《ぬぐ》っても拭っても消えない頬のシミのように、心に深く刻まれた傷（夫に捨てられた）のように……。

なーんて言ってる場合じゃなくてさ――っ。

これは困った、困った。職業フリーライター、しかも旅について書くことが多い物書きだったら余計に、新しいカメラを買うべきではないか！

こないだ3ユーロボーイこと、ドイツ人の庭師コリン（バツイチで3歳の娘の養育費がかさむのに失業）のデジカメが壊れた時は、

「これは修理するより買い換えたほうが安いでしょー。この機会に新しいカメラを買って、ついでに新しい人生をスタートするってーのはどーっスか？」

なーんて調子良く言ってたら、やっぱり今度は自分のが壊れるよな〜〜。

19ものアーチからなる、中世の長ーい橋を渡って入る集落、オスピタル・デ・オルビゴ。人口1000人ちょっとの小さな集落らしいのだが、ここもペリグリーノだらけだった。広

場で会った37は、昨日の白馬カミーノのマーラと一緒に休憩中。ローマから歩いている男と、チューリッヒから白馬セクレと一緒に歩いている女の子の豪華共演!? サラはイタリア人男子たちと先を歩いてるのかなー。

ランチはフレッシュなトルティーリャと生ハムとビールだった。いつもボカディージョとして食べているものをバラして皿に並べただけだけど、気分が変わっていいわ〜。外で食べていたら通りがかりの韓国人の男女ふたり組にトルティーリャの味の感想をきかれた。

「たまらなく、心が震えるほど、あと20キロ歩いてもいいぐらいにおいしいです!」

ところが彼らが店内にそのトルティーリャをオーダーしに行ったら売り切れてしまっていたらしく……アイムソーリー! 私のが最後のひと切れだったのねー(ニヤけながら)。

「次の店を当たるよー」と言いながら去っていった彼らだったが、でもまた引き返してきた。

「ねぇ、あなたもしかして、ジャパニーズ・トモコじゃない?……やっぱり! あなたのことは何人かから聞いたわよ。あっはは、はははは〜! ブエン・カミーノ!」

誰から何、聞いたんだよ!

19キロ地点に着くと37が、今度は白馬のマーラとではなくいつものダリオと現れた。

「一緒にアストルガまで歩こうよ、あと8キロ!」

ぶどう棚の下でディナータイム

白馬カミーノのマーラ発見！

バルでビールを一気飲みし、あやしい
腰ふりダンスを踊る地元爺88歳。
「俺のコラソン（ハート）は22歳だぜ」

誘われたがもう歩きたくない。この暑い中、ちょっと誘われたぐらいじゃ歩けないよ。1000円くれるとかなら考えるけど（↑安い）。ふと見ると、道に座りこんだダリオが何か撮影以外のことに没頭し始めていた。きいてみると杖にヒモを通すための穴を、キリで開けているところだという。

「またそんなどーでもいいことやって。〝少年の心を持った俺〟のモテ演出じゃないの？」と言ったら「あ――」っとため息をつかれた。あ――。

今日のアルベルゲの客は女が9人。そして男は22歳の小柄なスペイン男子ひとりだった。坊主頭で二宮和也みたいな純朴な顔をしていて（でも唇にピアス）、みんなの注目の的。チラチラと様子をうかがっていたら（たぶん私以外のみんなも！）、ディナーの後、25歳の派手顔のケベック女子が「わたし、勉強、欲しい、スペイン語」とか何とか、スペイン語しか話せない彼にカタコトで声をかけて、スペイン語のプライベートレッスンを展開していたよ。やるぜ、ケベック！　すごいぜその積極性。

庭の隅にイスを並べて、ぶどう棚の下で語る初々《ういうい》しいふたり、なんか見ているこっち（オバサンチーム）が照れてきたわー。

## 【27日目】　サンティバーニェス・デ・バルデイグレシアス～サンタ・カタリーナ・デ・サモサ

（歩行距離　20km）

カメラを探し求めて、アストルガで3時間もウロウロ。

そのせいで、せっかく早起きしたのに、また午後の〝ガン照り〟カミーノになってしまった。7時出発、午後3時前到着。8時間のうち、3時間はアストルガでカメラを探し、悩み、うろうろしていたはずだよ。何軒かの店をたずねて、いくつかのデジカメについてあーだこーだきまくって、ベンチや木陰に座ってあれこれと考えこみ……。で、結局、買うのや――めた！

何だったんだ、カメラについて悩んだ日々は（昨日と今日だけだけど）、そして今日のカメラ探し3時間の労力は！　ごちゃごちゃと騒いでエネルギーを消費して結局ゼロという、自分によくあるパターンだけにむなしい。

ちなみにカメラ店によると、レンズに映る黒い影は、何かの拍子に浸入してしまった〝水滴〟が原因とのこと。だからいくらレンズを拭いてもダメだったのだ。しかしこんなに毎日、カラカラに乾いてるのに水だとぉ？　ならば〝デジカメ天日干し作戦〟や〝揺さぶり水切り作戦〟ではどうだろうか？　ダメだろうなぁ……。

アストルガの教会前の広場でシッドがフルートを吹いていた。今日はバスキング中（大道芸をして、足元に帽子を置いて、観客からチップを集めること）。

「レオンでもやって、けっこうお金が集まったんだ。お金が集まると助かるのはもちろんだけど、いろんな人が寄ってくるのがおもしろい。ほら、僕ってこんな格好でヒゲで白髪頭で、こんな魔女みたいな杖も持ってるから、巡礼者としてのビジュアルもいいだろ？　ハハハ」

シッドは話をする時、相手の顔をじーっと見る。クセなのか、視点をフォーカスしすぎるからたぶん背景とかは全然見えていないはず。本当に一点しか見ないから、その分深く見られているようでいつも緊張する。そのくせ相手のこと、私の近況についてなんかまるで質問してきたりせず、今読んでいる本の感想だとか、カミーノの歴史についての考察だとかをガーッと話してこられるから気がぬけないんだよね。ダラダラと「シャンプーが切れそうなんだけどさ、デカイのしか売ってないんだよねー、この町」なんて言える相手でないことは確か。今日は職業をきいてみたら、イギリスのウェールズでリサイクルショップをやっていると言っていた。その昔は新聞記者でいろんな国を飛びまわっていたらしい。そして昨日はほとんど遺跡と化した、無人の教会で風をしのいで寝たそうだ。

サンティアゴまであと２８０キロ。ということは、一日20キロ歩くとしてあと14日？

〝裸足カミーノ〟のカナダ人男子

わーっ、道に迷いそ──（NOT！）

この円筒部分の美しさにポーッと見とれたガウディ建築、
アストルガ司教邸。『ムーミン』の家じゃないよ！

ゴールに向かうこと、それは東京に戻ることでもあり、今はそれを考えるとすごくユーウツになる。離婚裁判だ調停だっていわれたって、争うほどの財産もないし、費用も出せないし。でも夫に交渉しなきゃいけないいくつかのことは残っていて、それは困難を極めそうだ。

誰かがカミーノは短い人生のようなもの、人生の縮図だと言っていた。出会いと別れ、喜びや苦しみを繰り返しながらゴールを追いかける。着いたと思ったらまた次の道が待っている。確かにそうかもね。じゃあ、私は人生縮図版・お試しパックのカミーノだけでいいッス。う――む、このまま一生〝ペリグリーノ〟として、外の世界から遮断されカミーノに守られて生きていけないものだろうか。誰かが私のかわりに〝離婚から立ち直りまでの3年間業務〟をぜんぶ片づけてくれるなら、あたしゃこのままずっとピレネー↕サンティアゴ間を行ったり来たりし続けてもいいけど。……って、そんなオファー来ないか。

カミーノは大昔、罪人も刑罰として歩かされていたらしい。森の中で巡礼者狩りにあったり、大雪の道で倒れたり、伝染病にかかったりしながら。それに比べて現代のカミーノときたら、まるで〝苦しいけどやってよかった思い出いっぱいの部活〟ってゆーか、生ぬるい〝カミーノ学園〟ってゆーか。いや、体力的には決して生ぬるくはないかもしれないけど、とにかく卒業するのがヤダよー！　って、ごちゃごちゃ言ってないでブエン・カミーノ！

## 【28日目】サンタ・カタリーナ・デ・サモサ〜クルス・デ・フェロー（歩行距離19km）

寝苦しい夜だった。広――いメセタの熱を、小さな集落が吸いきれなくなって熱が出てしまったかのような熱帯夜だった。やっとプルガに刺された跡が治ってきたというのに、また昨日のベッドでボコボコに刺されたよ。もういいよ、追いつかないよ！（何に？）

寝不足のまま12キロ歩いてラバナル・デル・カミーノに着いたら、ダリオが教会の前で撮影をしていた。これからインタビューもするというので見学してみることにする。インタビューの相手は修道士と、アメリカからここに移住してアルベルゲのオスピタレーロをしている熟年男性。さっき取材を申し込んでオーケーをもらったばかりらしい。

ダリオは取材相手を何か気のきいた言葉でのせて喋らせる、というよりは、持ち前のおだやかでトロンとしたムードで相手の心を開かせるタイプのようだった。修道士なんて、「10分だけね」と断っておいて30分以上は喋っていたもん。

取材なら私もよくやるが、この30分のインタビューのうち、私だったら「そうですよね、というわけでいやいや、今日は本当にありがとうございました！」と切り上げられるポイントが10ヵ所以上はあったと思う。しかしダリオはニコニコとうなずきつつもボソッとするどい質問をはさんだりするから相手はいつまでも気前よく喋り続けた。そして私が待っていることなんか1パーセントも気にならない様子でカメラを回し続け、道で地元の人に声をかけられればその人と、店に入れば店員と、いちいち喋るからけっこうな時間がかかった。

早くしろよ、イタリア人！（↑せっかちな日本人ライターより）

もう、乾燥台地・メセタは終わったのか。

ダリオとランチを食べて町を抜けると山々が見え始め、カミーノは草原から森に入っていった。久しぶりの緑のトンネルと湿った土。誰が作ったのか、大きな木にひとり用のブランコがぶら下げてあったから乗ってみた。立ちこぎしてみると顔に風が当たって気持ちがいい。

「カミーノに来た理由とか、感想とか、今思ってること、何でもいいからそこで喋ってもらえないかな。英語じゃなくて、トモコの言葉で。僕には理解できないけど日本語で」

ダリオは三脚にビデオカメラをセットしながら言った。

オッケー。インタビューされる側なんて緊張するけど、日本語で、ひとり語りね。

ところが立ちこぎのリズムで勢いよく喋り始めたものの、すぐに言葉がつかえちゃったんだよね。

「……私のファッキン・イングリッシュ・ハズバンドがー、もう別れたいって言って、出ていっちゃってー。去年の9月に。結婚9年目、２００9年、9月。9の呪いだよ。それでひとりで……ライターの仕事もダメになっちゃった時で……もうどーしていいか分からなくて……カミーノはえっとー……あー、分かんないや。だから、それで、えーっと……うん……うん。………」

英語ではいつもスラスラと出てくるのに、どうしてだろう。自分の母国語で喋ってみたら、悲しくなってしまった。何度か口を開こうと試みたけど言葉が出てこない。

沈黙。

ただ黙ってブランコをこぎ続け、ダリオも黙ってカメラを回し続けていた。

カットすんなよ！

標高１５００メートルのレオン山の山頂。もう夕方6時をすぎていてあたりには私たち以外誰もいない。1キロ手前のアルベルゲに荷物は置いてきた。

ここにはクルス・デ・フェロー、直訳すると鉄の十字架という意味の十字架が立っている。長い時間をかけてペリグリーノたちが積み上げてきた大きな石の山。その上に10メートルぐらいの木の柱が立てられ、てっぺんに鉄の十字架がはりつけてあった。十字架はカミーノのあちこちにあるけれど、ここはなかでも特別な場所。十字架の足元には、巡礼者たちが残し

「一日3食ボカディージョでも平気、みたいな！」と語るオスピタレーロ。うそうそ！　巡礼者への思いを熱弁

森のブランコ

「カミーノを歩き、修道士になろうと思った」そうです

ていったものが山のように置かれていた。思い出の写真や誰かにあてた手紙や、服やアクセサリーや、たぶん遺品やら。柱にもたくさんの写真が貼り付けてあった。

「つらいことは道の上に置き捨てて」

ゲイのウィローがよく言っていた言葉を思い出す。ここはそれを形として実行できる場所なのだ。好きなことも嫌いなことも、ここに置いてその思いに別れを告げる。

「なーんだ、知ってたら持ってきたのにな。結婚指輪とか夫の写真とか」

結婚した時に、夫と10年後に開けようと言って作ったタイムカプセルを持ってくればよかったと思った。処分に困っているあれこそ、今、一番ここに置いていきたいものなのに。はるばる日本からやってきてこのチャンスを使えないなんて、やっぱりバカだよな〜。こんなバカさ加減も置き捨てたい。

するとダリオはそれなら石を投げればいいよといって、そのへんにあった中から手頃な石を拾って渡してくれた。え、こんなんでいいの？

私が力なくその石を十字架に向かって投げると、

「投げたね？　今から新しい人生の始まりだ」

とダリオは言った。

## 【29日目】クルス・デ・フェロー〜アセボ（歩行距離　9㎞）

今朝、もう一度、クルス・デ・フェローの前を通ると、大勢のペリグリーノがたむろしていてにぎやかだった。十字架に向かって歌う人、祈る人。ひざまずき、右手を上げて何かを語りかけているシッドは相変わらず舞台役者みたいだった。私は石ころひとつ置いただけだけど、誰もいない昨日の夜のうちにできてよかったかも。

明け方降った大雨のおかげで気温がそれほど上がらず、サラサラカミーノ。標高1500メートルのクルス・デ・フェローから馬の背のような山道を2〜3キロ進んだマンハリンまではあっという間だった。山の中腹にあるのは一軒のアルベルゲだけ。

水も電気もベッドもない、ただの質素な小屋。食料を仕入れる場所もなし。トイレはあるが離れの小屋（ボットン！）。泊まるのにはちょっと勇気がいりそうな、本当に中世の宿場みたいだった。宿泊は、夕方遅くなってからここに着いた巡礼者のみ受け入れるらしい。

ダリオはここに住むトーマスという有名なオスピタレーロの、何時になるか分からない帰りを待って取材したいというので（あぁダリオ！）、私は次の村へ。

アセボという山のふもとの村でビールを飲んでいたら、「カンガルーの国じゃない」オーストリアのポールじいさんが現れた。それからドイツ人女性のヒルトゥ、アメリカの南部訛りでよく喋るニューメキシコのおっさんアレンもやってきた。話が盛り上がって、さらに白ワインをおかわり2杯。あー、もう今日は歩かねぇぞ。

「あそこにある教会の鐘、見に行った？　ありゃ電気式じゃなくて、時間になると手動で誰かがロープを引っ張って鳴らしてるんだとよ。頼めば塔の上まで階段で上がらせてもらえて、近くで見学もできるらしい。気になるから、ちょっと今から見に行ってみないか？」

アレンが言うので、ほろ酔いチーム全員でその鐘をチェックしに行ってみた。

「いいですか、鐘つき台へは上っていただけますが、見学は5分まで。鐘はぜったいに鳴らさないで下さいね。ポルファボール（お願いします）！」

そう言われて階段を上らせてもらった。そして上まで行って鐘の目の前に立ったら、ここを引っ張って鳴らせとばかりに取っ手がついており……。

リ――――――ン♪

取っ手の下のヒモを引っ張ってみたら、鐘が鳴っちゃったんだよね～～～（何だか知らないけど〜……♪)。

その瞬間、その場にいた全員(ほろ酔い)に、

「バカ————ッ、なんで鳴らすんだ!」

と小声で怒られ、

「だって鳴らしたかったんだよー」

と言ったらみんなあきれて笑い出したけど、下にいた係のおっちゃんからは、

「今鐘を鳴らしたのは誰ですか? 早く下りてきなさーい!」

と厳しい顔で睨まれて謝りまくった。あたり前だ。村人にとっては大切な時報かもしれないもんね。ロシエント(ごめんなさい)。

ディナーはなんとパスタのみ。それも具なしの薄いケチャップ味の! 無料だから文句は言えないけど、みんなパスタは前菜だと思って、メインを期待していたからガッカリ!

サンティアゴまで残りたったの220キロ。たったのだよ。でも、そこからさらに90キロ歩いて〝地の果て〟といわれるフィステーラの岬まで行ってカミーノで着ていた服を燃やす、そこまでがカミーノだ。だから残りの距離は計310キロ(↑ちょっとでも増やしたい)。

あぁ、でも時間が足りない、帰りたくない!

リ————ン♪(悩みの鐘)

過去にさよならクルス・デ・フェロー

よし、今日から新しい人生の始まりだ！　なーんて。

## 【30日目】 アセボ～ポンフェラーダ（歩行距離 16㎞）

昨日は9キロ、そして今日もたったの16キロしか歩いてないって、どーゆーことよ。……いや、その、あの……単にゴールするのが怖くなって嫌になって、歩幅が小さくなっちゃいました。取材熱心のダリオを置いてきたのも気になりました（↑人のせい）。

でも今朝、そのダリオにはサヨナラを言ってきた。だって彼、昨日結局取材できなかったマンハリンのアルベルゲに戻ってインタビューを撮るとかいうからさ。7キロ下ってきた山道を、また戻ってだよ。つまり往復14キロも、すでに歩いている道をまた歩くだなんて！

「仕事でもない自主制作作品なのに、頭が下がるよ」と言ったら「キミだって、いつも何かコソコソ書いてるじゃないか」と返された。まぁね。お互いがんばるべ。

「それであの、偉大なるトモコさま。悪いんだけど、10ユーロ貸してもらえるかな？　次のATMがある町まで、今日中に歩けるか分からなくて……」

別れぎわにそう言われて貸してあげたよ、10ユーロ。

今までは「サンティアゴで会おうね！」がペリグリーノ同士の別れの挨拶だった。でも最近はもう残りの距離が少なくなってきたから、「シーユー！（またね、じゃあね）」と言いつつも「ひょっとしてもう会うチャンスはないかも」という無言のやりとりがついてきて淋しい。37とはこないだ、もしもこのまま会えなかった時のための〝念のためハグ〟をやって別れたけど、もう本当に会えないのかな。

初日に一緒に歩いたブラジル人のリタ（もうすぐバツ2の母）からは、明日サンティアゴに着くというメールがあった。返信：「で、5つのコンドームのうち何個使ったの？（笑）」

サラも37も、私より2日分ぐらいは先を歩いているからまた会えるかどうか。

でもたとえば、自分が日程をずらして誰かと一緒にいられる時間を1～2日延ばしたところで、しょせん東京に帰る時は自分ひとり。ゴールだってみんなバラバラで、その後はみんなそれぞれの国へ帰ってしまう。だからこれはつまり、ラスト10日間は誰ともつるまないで歩いてみなさい、ひとりで過ごしなさい、ってことなのかね？

気が付けば日に焼けて全身真っ黒になってしまった。シャワーを浴びた後に、ちょこっと油断して日焼けどめを塗らないまま庭に出ただけでも即、焼けてしまう。そんなことの積み重ねで今やひと目で〝遠くから歩いてきた組〟だとバレるようになってきた。今日は野戦病院系アルベルゲ。いびきオーケストラの指揮者がどうか近くにいませんように！

写真の時だけキャラが変わるシッド様

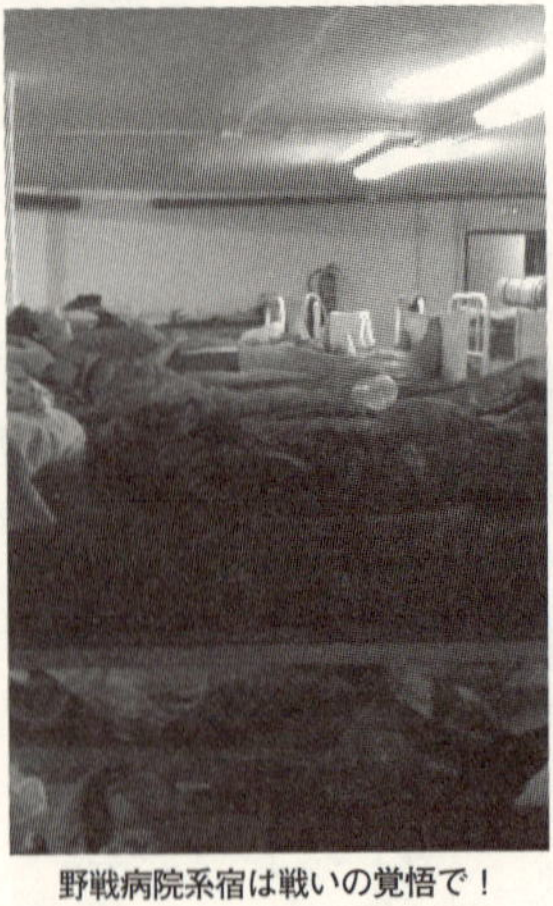

野戦病院系宿は戦いの覚悟で！

モリナセカ。何もないメセタから来ると、教会とか橋とかアーチとか背景の山とか、要素の多さにとにかく感激

## 【31日目】　ポンフェラーダ～ビリャフランカ・デル・ビエルソ（歩行距離 23㎞）

「新しい人生」が始まったはずなんだけど、出だしは不調。

　昨日は約100人部屋だったんだけど、その部屋のイビキチャンピオンおやじがよりによって右隣。逆隣はワキガ（とにかく悪臭）チャンピオンで、ベッドの間隔は1メートルもないぐらいの至近距離だった。一晩中おやじの爆音イビキを聞かされて、気が滅入って反対側を向けばワキガ男がパンツ一丁で寝ているという、はさみ将棋かオセロ状態。オセロではさまれてひっくり返され、うつぶせに寝ても耳をふさいでも止まらない轟音と異臭攻撃。

　ちなみにイビキ男のほうもブリーフ一丁で、ほとんど私のほうに顔を向けて爆音イビキを放っており、そうでない時はうつぶせに寝て三段腹を小さなベッドに押し当ててブッとおならをし……。見た目も音量もすごすぎて、一睡もできなかった。

　こんなのが「新しい人生」ならこの先が怖い。

　オセロ完敗。それなのに寝不足でよく歩いたよな。へとへと。

　爆音イビキ→寝不足→疲労→朝飯カフェでゆっくりしすぎ→出発が遅れるという悪循環に

のみこまれ、また午後の発汗タラタラ・サウナカミーノをするはめになってしまった。なだらかな山にダーッと広がるぶどう畑の中の道で、景色は良かったんだけどね。日差しがもう、刺してねじり殺されそうなほどキツくって、道沿いにあったボデガ（ワイナリー）にかけこみ寺ならぬ、かけこみボデーガ！　そんな時にはフツー、のどを鳴らしてキンキン（愛川）に冷えたビールを飲むのがいいんだろうけども。なんてったってそこはワイン工場だから。まずは一回呼吸を落ち着かせてクールダウンして、工場内をひとりで見学。全身を冷却してからフレッシュだけど深みのある赤ワインをいただきましたよ。そのあと、ひんやりした工場から外に出るのがどれだけ嫌だったことか。わしゃ干物か、イワシか、イカか！あ、ぶどう畑だらけだから干しぶどうか、今日もレーズン・カミーノか！

ハイレベルなワインを試飲してまともな食事が恋しくなったペリグリーノが書いたのか、アスファルトの上にでっかくこんな落書きがしてあった。

〝NO MORE BOCADILLO！〟

ノー・モア・ボカディージョ！　↓ボカディージョ（サンドイッチ）はもういらねぇ。

午後4時に到着したけど、まだ日差しはTシャツにこぼしたビールが2分で乾く程度には強かった。ここビリャフランカ・デル・ビエルソは、谷の底に広がる古都。森の中に伝統的

ペリグリーノが増えてトラフィック大渋滞。静かなカミーノを返してくれ～（お前のカミーノかよ！）

頭もザバザバ洗ってスッキリ～！　……こんなことやってるからデジカメの中に水滴入っちゃったのか（悲）

な家や教会が立ち並んでいて中世の趣が感じられる。だから観光客も多くて、石畳のプラザに並ぶカフェはどこも高めだったよ。よって晩めしは今宵ももちろん……ファッキン・ボカディージョ！


アルベルゲには同じ部屋にひとり、モー烈にうるさいスペイン人のオバサンがいた。ベッドの柵に干していた私のバスタオルが「目ざわりだから」片づけろとか、ちょっとそこのゴミ箱とってくれとか、ビニールのゴミ袋をガサガサやる音は嫌いだからやめてくれとか。カミーノ前夜に現れた、あのフレンチきのこババア以来の変人ペリグリーノ⁉

「まったく、なんだよ、あのオバサンは！」

さっき彼女が部屋を出たすきに小声であきれていたら、私のふたつ隣のベッドで昼寝をしていた女性がのそっと起き上がって、

「クレイジーなくそババアめ。この、スパニッシュ・モンスター！」

と、ババアが出ていったドアのほうを睨んで私にウィンクした。

そんな彼女の名前はアイリーン（45）。「アイリッシュ（アイルランド人の）アイリーンよ」と言った。5人兄弟の末っ子で、性転換した兄がいるらしい。

## 【32日目】　ビリャフランカ・デル・ビエルソ〜ルイテラーン（歩行距離 20㎞）

毎日、訪れる町の名前をいちいち覚えていられない忙しさ。まったく、今さらだけど日替わりで町を移動して、芸能人のライブツアー並みだよ（徒歩だけど）。でもとにかくここはスペインで、そしてまもなくガリシア地方に入るらしい。なんか建物の雰囲気がまたビミョーに変化してきたな。石で積んだ建物の、石の密度が高くなってきている。石のブロックではなく、平たくて薄っぺらい石を積み上げた頑丈そうな家々。そのぴったりと重なった石と石の密接具合やすきまが気になって、あやしまれないように観察しながら歩いてるよ。コットンの服を着始めてからというもの、着心地の良さに感動していたんだけど、やっぱりダメだわ。汗の乾きが追い付かなくて、またあせもが大量発生。腹まわりがかゆ――い。

だけどまじめに20キロ歩いて昼前にはゴールしたよ。ここ数日、デカイ宿ばかりで疲れたから、今日は小さい村の小さなアルベルゲにストップ。そしたらねらい通り、私の部屋は6人部屋なのに私とスペイン人のおっちゃんだけだった。ラッキー。さらにここは食べ放題のディナーもおいしいと聞いてハッピー♪　今夜はＦＩＦＡワールドカップの決勝戦がある。

スペイン対オランダ。このアルベルゲから歩いて1分のところにバルがあるから、あそこに村人が全員集合するんだろうな。


夕食のナスとパプリカのマリネが気に入って「ポコ・マス！　ポコ・マス！」（もうちょっと）とおかわりしすぎたせいで腹が苦しい。部屋に戻ったらルームメイトのスペイン人のおじさんがもうベッドに横になっていた。名前はホセ、66歳。カミーノは今回で2回目。

「ポルケ、カミーノ？（なんで、カミーノ）」

きいてみたら、彼が指差したバックパックには子供用の小さなサンダルがぶら下がっていた。簡単なスペイン語に身ぶり手ぶりをつけて、携帯の写真を見せながら説明してくれる。

どうやら彼には障害をもった2歳半の孫がいて、今回はその孫のために歩いているらしい。見せてくれた写真に写っている坊やは、よく見ると少しぼんやりして眠そうな顔をしていた。

「ほら、顔が普通と違うでしょ？　入院しているわけじゃなくて家で暮らしてるんだけど、耳がまったく聞こえないんだ。でも本当にかわいい男の子だろ？」

「うん、とってもかわいい！　早くカミーノを終わらせて会いに行きたいでしょう？」

愛する孫の健康を願って、８１０キロを歩くおじいちゃん。

私が難しいスペイン語は分からないと言っているのに、ホセはベッドに横たわったまま、そのあとも世間話を続けた。遠い昔の、彼が水道局で働いていた頃の思い出話まで。細かくは分からないけど、でも何か分かるよ。シー、シー、シー（うん、うん、うん）。

「ホセ、外が騒がしくなってきたね。そろそろ決勝戦が始まるから、ちょっと向かいのバルをのぞいてこない？」

「私はサッカーなんかに興味がないんだよ。行っといで」

スペインが今日優勝するかどうかなんて、ホセにとってはどうでもいいらしかった。サッカーにはうとくても、お祭り騒ぎだけは見ておきたいというミーハーな私とも違う。しかしミーハー根性でバルに潜入した私は、充満したタバコの煙と大音量に頭がクラクラして、ハーフタイム前に店を出てきてしまった。さっきまで、韓国人の女の子たちとガツガツ食べすぎてしまったディナーのせいだ。本格的に胃がムカムカしてきて、無念の退場。

暗い部屋に戻ってベッドに横になると、胃の調子は少しおさまってきた。

すると、ホセがまたぼそぼそと私に喋りかけてくる。あれ、まだ起きてたの？

外の歓声はにぎやかだが、部屋は静かだ。いつのまにか私もこの66歳の友人に、大昔ニュージーランドでやったバンジージャンプの話や、ひとり暮らし時代に、10円玉を入れるピンクの公衆電話を自分の部屋で使っていた話などをしていた。ホセもうなずいて聞いてくれる。

シャワーと洗濯の後、夕方に一杯やれる余裕がある日は合格日！

たまには教会で祈ってみよう……（眠）

カミーノで数少ない、料理自慢の宿

「カンピオ――――ン！（チャンピオン）」

試合は皆さんもご存じの通り、スペインの初優勝。決定の瞬間、森の中の小さな村は火がついたように沸き上がり、クラクションを派手に鳴らしながら走る車の音や、スペイン国旗を振りかざして「♪オレーオレオレオレ〜……」と通りを走る人たちの声が響きわたった。

「外、すごい盛り上がりですよ」

様子を見に外に出て、部屋に戻るとホセはもう寝ていた。

そしてその枕元には、バックパックから取り外した小さなサンダルが転がっていたのだった。

……というのはウソだ。んなワケない。何が起こったわけでもない、何を語り合ったわけでもない、ほとんど理解できなかった。でも何かが通じ合ったような気がした夜。ホセとの間に流れていた透明でおだやかな空気のようなものが、静かで優しい眠りをくれたことは確かだった。

## 道草カミーノ③　タイムカプセル

ペリグリーノが思い出の品や宝物を置いて行く場所、クルス・デ・フェローにたどり着いて思い出した。七夕《たなばた》の夜に。

結婚当初、私たちはカプセル薬のような形をした15センチ大の〝タイムカプセル〟というものを雑貨屋さんで買ってきて、互いの10年後にあてた手紙を書いて中に入れたのだった。よくいるかわいい新婚さん。「10年目の結婚記念日に開けよう！」とか言って封をして、それは大切なアルバムと一緒に常にリビングルームの中央に置かれていた。

夫に出ていかれてからというもの、一時期はそのカプセルに近寄るだけでも涙があふれてきて嫌だった。かといって復縁を願っていた私にはそれを捨てる勇気もなく、中を開けて見る勇気もなく、ノータッチのまま今日まで来ている。

その10年目の結婚記念日がつい先日やってきたんだよね。でも有り難いことに、そのXデーはカミーノの準備でバタバタと過ぎていってくれたよ。ありがとうカミーノ！

書いた手紙の内容はほとんど忘れてしまったけれど、当時夫はその手紙を家の茶の間で、私は2階の仕事部屋で同時に書いたのを覚えている。そして書きながら27歳の私はひとりでおいおいと泣いた。何でかってゆーと、「自分は生涯独身だと思っていたのに、こんなに好きな男と結婚できるなんて、何て幸せなんだ——！」ということに気が付いてペン先がふるえて、自分で盛り上げた文章にも感涙しちゃって、ウルウルとね。笑っちゃうよね～。

しかし今でもあの手紙を書いた瞬間は、人生で幸せだった瞬間第3位以内にランクインしているかもしれない（早く新ネタがランクインしてくれるといいんだけど）。

「でも結局壊れてしまったんじゃない。愛なんて所詮《しょせん》そんなものなのね」

と、うら若き独身のお嬢さんは思うかもしれません。私もちょっとはそう思います。

でもその一方で、自分の人生に一回でもあんなモーメントがあったってことについてはラッキーだったと思っているんですよ。私の好きな言葉、ベターザンナッシング（ないよりはまし）ですよ。でかしたぞ、10年前のオレ！

でもそれはそれ。これはこれ。次、もし誰かと一緒になることがあったとしたら、もう今度こそ、カプセルごっこなんかやらないようにしようと思う。人なんて変わるんだから、10年後がどーのこーの、約束なんかしなくていい、相手に求めない。今日がよければ〝よし〟

としていかなきゃさー。

私は何でも根に持つネチネチ傾向があるため、言ったことを実行しない夫に対してよく「まったくもう、あなたって口ばっかり！」と怒っていた。でも過ぎたことを「あの時あー言ったくせに！」とほじくり返してたってしょうがないもんね。これ、反省。だからこれからは過去や未来よりも今日を重視する（今日の相手をホメる、今を喜ぶ）ナウ・タイプ、超現在主義に転向していこうと思うよ。将来よりも今この瞬間のほうがもっと大事、今日を楽しく。何の誓いのコーナーだか分かんないけども。

それにしてもあのカプセル、今も同じ場所にあるのだろうか。夫が先日メールに書いてよこしてきた通りだとすれば、マンションごとすでに引きはらって空っぽってことだけど、どうか今度ばかりは夫が「あなたって口ばっかり！」でありますように。

あー、考えない、考えない。

なんかまとまってないけど、カミーノ中だから（あせもがかゆいから）許してアミーゴ。

ブエン・カミーノ♪

# 第四章　ゴール目前、ガリシア州へ（三歩進んで二歩さがりながら！）

## 【33日目】ルイテラーン〜アルト・ド・ポイオ（歩行距離 19km）

サンティアゴまであと150キロ。悲しい。何が悲しいって、何度でも言うけどシャバに戻ることが！　この楽しく充実したカミーノ学園（体育科・全寮制）を卒業してしまうことが！　この守られた環境、美しい道のり、やさしい自然……。

いつもの旅みたいな、面倒な値段交渉やスリの危険やビザの申請とも無縁。カミーノは安全すぎて幼稚園か、温泉地の療養所みたいだよ。それでいて歩き自体はハードなところがそそられるんだと思う（だんだんヤバくなってきたか、オレ⁉）。

今朝は山の中腹の芝生に寝転がって、朝陽をうけながらキウイを食べた（キウイのウマさを教えてくれたダリオは今どこだ？）。朝陽に反射して光る果実や、そんなさわやかすぎる自分に感動。10キロの道のりを歩いて、標高1350メートルの山、オー・セブレイロへ向かった。ガリシアの深い森や湿った草原はスコットランドやアイルランドを思わせる。頂上ではケルト音楽が流れていた。峠の道は歩きやすくて、上を見ても、ふり返っても素晴らしい山々の大パノラマ。なのに前へ進みたい気持ちはどんどんダウンしていく、我がせつなく複雑な反比例カミーノよ。

カミーノでMYキウイブーム到来

ついにカミーノ最終州、ガリシア！

ボロ宿でもアミーゴがいればOK！

「ペリグリーノはおごり、おごられあうの。乾杯！」

急な坂を上ったところに突然現れたバル。そこにアイリッシュ・アイリーンが座っていて、白ワインをごちそうしてくれた。だから私もアイリーンが去ったあとにやってきた、フルート吹きのシッド（50）に同じセリフを言っておごってあげたよ。

「あぁ、トモコ！」

シッドがようやく私の名前を覚えてくれたようだった。

「僕はあんまりお酒は強くないんだよ。紅茶をいただこうかな。カップ・オブ・ティー」

おぉ、イギリス人！　彼は細い指でテーブルの上に読みかけの本と、ボロボロの箱に入ったタロット・カードを置いた。この人、タロットも読むのか。シッドという名前は珍しくもないらしいが、私にとっては初めてだから本名なのかきいてみた。

「えっ、何だって？　そんなこときかれたの今、初めてだよ。は──、びっくりした。実はね、これは本名じゃないんだ。理由があって、もう20年近くこの名前を使っていてね、新聞記者時代だってシッドだったんだよ。でも今まで誰からもそんな質問、されたことがなかった。僕の本当の名前はね、ふふ、笑わないでくれよ。サイモンっていうんだ」

サイモン！　そのほうが私にはしっくりくる。

シッド、いやサイモンはバツイチだった。インド人の奥さんと17年間の結婚生活の末に離婚。出会った時、奥さんはまだ10代で、敬虔なシーク教徒の家の娘だったらしい。インド人の父親が厳しく、自由に外出することはもちろん、同性のイギリス人と付き合うことさえ許されなかった。勤務先の縫製工場と家を往復するだけの生活。その通勤途中の彼女にサイモンが声をかけてデートに誘いだした。彼女にとっては生まれて初めての映画館、カフェ、遊園地、イギリス人のボーイフレンド……。

「トモコ、キミに会うたびに、なんだか僕は、ふだん人に話さない秘密ばかり喋らされている気がするよ。僕、今はこんな貧しい巡礼者だけど、30年前は結構カッコ良かったんだよ。はははは、分かってくれる？　ありがと。それで家族の猛反対を押し切って結婚したんだ」

イギリス男とインド娘の淡い恋。いいわ〜。その後、ふたりの間には娘が生まれ、その娘さんは今23歳。元奥さんとはもう疎遠だが、娘さんとは今も時々会っているらしい。

「娘は最近、結婚したんだ。でも相手は軍人なんだ……」

軍人という肩書きがもともと嫌いなのか、それともその軍人の彼が戦場へ行かなければならないからなのか、理由は分からないが、そこまで言ってサイモンは口をつぐんだ。

アルベルゲの客は3人のみ。トイレの水もれや部屋の薄汚さに沈んでいたけれど、ディナーを食べて気分回復。ドイツのグンタ爺と、スウェーデン母のアナリーと私。何の共通点もない3人だったけど、「よかった、この3人で」と言い合いながらスープをすすった。

【34日目】アルト・ド・ポイオ〜サモス（歩行距離 21㎞）

朝起きたら雨が降っていた。雨と霧に包まれての下山。本当に、霧の濃いガリシアはアイルランドみたい。雨のカミーノなんて、あのポルトガル三兄妹と歩いたカミーノ2日目ぶりじゃないだろうか。

小雨が降る中を3キロ歩いて、〝朝休憩〟しようと入ったカフェにアレンがいた。ニューメキシコのおじさん。朝からでかジョッキで生ビール飲んでらぁ。

「へ〜〜イ、おはようトモコ！　雨がやむまで一緒にどうだい？」

そう言われて断るなんて薩摩の女がすたる！

めざましビール。

「……それでさー。昨日通った、ローマ時代の橋があっただろ？　あそこのわきの草むらん中にあやしい地元の男がいたってゆーんだよ。（急にヒソヒソ声になって↓）そいつがさぁ〜、真っ裸で自慰行為に励んでたんだとーっ。そこをちょうど、イファが通りかかって見つけちゃったらしくて、彼女、叫び声あげて、泣いたってのよ〜」

「そりゃアンラッキーでしたね。イファって、20代後半ぐらいの、よく喋る人ですよね？アイリーンじゃないほうのアイルランド人」

「そうそう！ 彼女、昨夜《ゆうべ》、俺に泣きそうな勢いでそのこと話してくれたんだけどさ、襲われたわけじゃあるめーし、喋りかけられてもいねーわけだし、見ただけなんだから。泣くこたぁないと思わない？ 泣くこたぁ。女子高生じゃねーんだからさー」

「まぁね。でもびっくりしたんでしょうよ、カミーノでそんな珍光景」

「あーっははは、確かに珍光景、珍光景。あっ、でもこの話、俺から聞いたって、イファに絶対言わねーでくれよ。頼む！」

「言いませんよ、べつに――っ（脱力）」

めざましトーク。

昼前にはすっかり晴れ上がって、でも今日は森の中の日陰の道ばかりだったからラクだった。峠を下って、下って、下界へ向かって……。その途中、12時にも午後2時にもワイン休憩。

8時出発、アルベルゲ着夕方5時。遅い到着だけど、道は空いていてのびのびと歩けたよ。早起きキャンペーンはどこ行った〜〜？ でもここまでペリグリーノが増えてくると、平均的な時間に起きて平均的なアルベルゲに泊まっちゃうと渋滞にひっかかりかねないからね。

ゴシップ大好きアレン。メガネのアメリカ人ってだけ
なのに、彼の顔がだんだんケント・デリカットに……

計4ユーロの夕食。
ししとうのグリルが感動の美味さ！

修道院アルベルゲ。
ミサはサボっちゃった！

だったらゆっくり出発して、のろのろと歩いたほうがいいかも。ブエン・のろのろ・カミーノ。

今日のアルベルゲは修道院。

着いてシャワールームに入っていくと韓国人の女の子がやってきて、

「オラ～！　あなたのこと、こないだサッカーの決勝戦を見た村のバルで見かけたわ～。ところでシャンプー買ったんだけど、半分いる？」

と声をかけてきてくれた。そしてその時まさに、ちょうど空《から》になったシャンプー容器をゴミ箱に捨てるところだった私。

「マジ？　素晴らしいタイミングよ。ありがとう！　しかもこれ、パンテーン！」

〝カミーノでは、必要なものをすべて手に入れることができる〟

これはペリグリーノの間でよく語られる神話。いや法則、いや事実。

たとえば誰かと喋りたい時は、自然と自分に必要な人が寄って来る。ひとりになりたい時は自然と原っぱに放り出されている。のどがかわけば水道が現れる、頭が疲れてくると心地よい風が吹いてくる……それがカミーノだという。

だけどシャンプーまでもらえるとは思ってなかったよ。しかもパンテーン。

夫には捨てられても、〝シャンプー運〟はまだあったもんだね～（いちいち言う！）。

## 【35日目】 サモス～サリーア（歩行距離 12・5㎞）

このあいだ一緒に歩いた、巡礼者でありながら真っ赤な口紅が似合いすぎる53歳のレディ、アメリカ人のエビリンが、

「カミーノから帰ってきたら何が食べたいかって、家で待つ夫にきかれたから、あなたが用意してくれるものなら何だって嬉しいって答えたの」

と言っていた、真紅のくちびるをパクパクさせて。

うらやましい。

これに対して、東京で私を待ちうけているものといえば……。

離婚紛争第三章、次のバイトの心配、本業の心配、スーパー通い、用もないのに100円ショップをフラフラ（するなよ！）、家の掃除、各種支払い……。華やかすぎて涙が出そうだよ。その上マンションだって夫によりボッシュートされてるかもしれないんだから。ゴールのサンティアゴには行きたいが、その先の東京ゴールに魅力が感じられなすぎ！

そんなことをうじうじと考えていたから、今日のカミーノは三歩進んで二歩さがる水前寺清子的なものになってしまった。よって本日のカミーノ、たったの12・5キロ。

はーーーっ、スッキリしなくてごめんよ、最近こればっかりで。でもこの楽しいカミーノの終わりが怖いの、かなぴーの、不安なの。あの暑いメセタ時代にさえ戻りたいよ。

そういったさまざまな要因で、後ろ向きになってしまったのでした、シー。

それにこれまでに経験してきた旅の終わりといえば、

「納豆と卵かけごはんと、豆腐とサンマが食いてぇーーー!」

みたいな感じで、しっかりと日本が恋しくなってからの帰国だったんだよね。でも今回はそんな欲望がまだまったくわいてこないから戸惑い中。7週間なんて短すぎるぜ。


だけどね、今日のお昼に、ここサリーアでガリシア名物・茹でタコの専門店に入ったら、そのタコが、

「ハ〜〜〜〜レ〜〜〜〜ッ……!」

っと、着物の帯をグルグルほどかれてなくても言ってみたいぐらいに(!?)うまかったから気を取り直した。あんな柔らかいタコ食べたの、生まれて初めて! 店先にいるタコ兄《にい》が、茹でたてのプリップリのタコをでっかい壺《つぼ》から取り出して、ハサミでバッサバッサ切ってくれんの。その後、粗塩とパプリカをザザッと振ってオリーブオイルをタラ〜〜ッとかけてへ

茹でタコうますぎ、白ワインに合いすぎ！　タコに
関心をもたなかった今までの人生をやり直したい

CASI＝ほぼ、もうすぐ。
(ゴールは目前！)

今日のペリグリーノ像は
ずんぐり系

イ、一丁あがり！
「女がひとりで外でメシを食うもんじゃない！」

ってという37の言葉を思い出したけど知るか。よくばりだから、おいしいものは自分のペースで食べて初めて100パーセントの満足を得られるの！　あー、ひとりでよかっタコ♪


サリーアはサンティアゴ・デ・コンポステーラの118キロ手前の町。カミーノを100キロ歩く人たちはだいたいここから歩き始めるらしく、公営アルベルゲの前にはオープン前から長――い行列ができていた。アウトドア雑誌から飛び出てきたような、真新しいウェアに身を包んだペリグリーノたち。荷物もちっちゃい。日に焼けていない白い体からは香水の匂いさえしてきそうだった。私も少し前まであだったのかね～。

混雑をさけて私営のアルベルゲへチェックインしたら、フランス人の19歳の男の子がいて、

「日本からなんて遠いのに、どうしてカミーノを歩きに来たの？」

ときかれたから、正直に説明してあげたらびっくりするぐらい引かれて「そうだったんですか……」のあと沈黙に。

ごめんよ、19歳のキミにはまだ早すぎたか！

## 【36日目】 サリーア〜フェレイロス（歩行距離 13㎞）

朝、カフェに入ったら、アイリッシュのイファがいた。いきなり、

「トモコ、ゴールはもうすぐよ！」

と声をかけてきた彼女の表情はやけに晴れ晴れとしていつもより美しい。どこかの森で、素っ裸で自慰行為におよんでいる男に遭遇して泣いたことなどもう忘れてしまったのだろう。よかった。朝っぱらからさっぱりしない私とは大違いだ。

イファはペリグリーノで一番話が長い女だから、話しかける時は慎重を要するんだけど、今日は思わず、今の私の、ゴールに向かいたくない水前寺清子的心情（三歩進んで二歩さがる〝三百六十五歩のマーチ〟的心情）を聞いてもらった。すると彼女は、

「考えすぎないで。ただ歩くことよ！」

「うん、でもそれができないのが悩みなんだよ。歩きたいのに、歩きたくない、どっちつかずな気分がさぁ……」

するとそんなグチッぽい女にイファは、

「トモコ、テイクイットイージー！（take it easy、気楽にいこうよ）」

「TAKE it EASY」

と、どんなお悩み相談の回答にも使えそうな言葉で私の悩みをバシッと片づけたように見せかけ、草原の道を歩いて行ったのでした。

さすがイファ。

そしてその後、ポールおじさんと森の中を歩いていたら、こんなものが道の上に落ちていたんだよね（上写真）。


ガリシアの森には魔女がいるらしい。

おばけのような大木が立ち並ぶ森の中、ポールにも、私の今のモヤモヤした心情を聞いてもらった。ところがモヤモヤした状態で話すモヤモヤの説明はあまりうまく伝わらなかったのか。ポールは、単に私が夫への思いを引きずって悲しんでいる、と考えているようだった。うーん、そこはもうクリアできて、今はちょっと違う悩みなんだけどな。ま、いいや。モヤモヤしていることには変わりない。

ポールは目の前にあった、長い年月をかけてうねうねと変形し、中に空洞ができている大きな木の前で立ち止まった。そしてその木に触りながら言った。

「木の声をきいてごらんよ、迷いがあるなら。こうやって木に触って、自分の言葉で話しかければいいんだ。この木は何百年、何千年生きているんだろうね？　少なくとも私たちよりは長生きしてるから、経験豊富だと思わないかい？　いい答えをもらえるかもしれない」

そっくりそのまま、自分も木に手をついてポールのセリフをモノマネしたい衝動にかられたがでもがまんした。（木の声をきいてごらんよ……）。ポールよ、あなたは森の仙人か！　カーネル・サンダースかと思ってたけど違ったんだね？　「木の声をきけ」だなんて、わしや、森で修業中の『少林少女』か、『ベスト・キッド』か！　こんな童話かディズニー映画みたいなセリフを、日常生活で言われたのは初めてだ。何だか自分が宮崎アニメの主人公の少女（美人で利発）にでもなった気分。わたし、今日から素直な女の子になれそうだわっ！

ポールはセリフを言い終わると私をひとりにしてくれた（舞台袖《そで》にはけた）。

言われた通りに、近くの木に触ってみる。

「木に語りかけてごらん」と、私にアドバイスをする
フリをして全体重を木にかけ、くつろぐ（?）ポール

女子巡礼者ばかり撮るオヤジを逆撮！

ガリシアの森のおばけの木

あたたかい。

何だか安らぐような、でも少しキュンとなるような、切ないような。頭の中のごちゃごちゃが、スーッと沈静化されていく感じ。こうして森の中で立ち止まること自体が、心に安らぎとゆとりをくれたのか。通りすぎる大木たちに触れながら歩いていたら油断して涙腺がゆるんだ。ポールに追いつきそうになって、あわてて写真を撮ったりしてごまかしたけど、ポールにはバレてたかな。

ポール、助けてくれてありがとう！

こんなやさしいポールに対して最近の私ときたら、「またポールか。毎日こうやってポールとばかりいたら出会いのチャンスがなくなるかも（沈）」とか、「げっ、ここにもポール。なんでじいさんしか寄ってこないんだー」とか、「また35年間勤め上げた写真現像ショップを退社した日の話かよ。ハイハイ、制服をハサミで真っぷたつに切り裂いたのね、もう10回聞いたよ！」なーんて、失礼なことばっか思ってたんだよね。このバチ当たりが！ごめんよ、ポール。

夕方のおつかれビールでは、同じテーブルに座っていたオランダ人のマライエ（32）と、デンマーク人のへビック（34）と、ひさしぶりの30代トークで盛り上がって最近のトーク不足解消（あ、いや、……ポールごめん）。マライエとは、泊まってきたアルベルゲがたくさんかぶっていて「趣味合うね！」と何度も乾杯。まわりに座っていたペリグリーノたちも彼女たちと顔見知り（同期）で、気心知れた仲間が勢ぞろいしているのがうらやましかった。きいてみれば、出発はみんな私より4〜5日ぐらい遅い人たちのチーム。

「いいな〜、私の友達はもうバラバラ。マライエたちはみんなペースが似てるのかな？」

「どうだろ。調整とかはしてないよ。確かに、ずっと同じメンバーに囲まれて歩けばラクだし、楽しいと思うわ。でもほら、出会って別れるのがカミーノだから……。実はあたし今朝、気になってるベルギー人の彼の枕元に、誕生日のプレゼントと手紙を置いて先に出てきたんだ。昨日せっかく再会できて、一緒に歩きたいなと思ってたんだけど、やっぱり待つのはやめたの。だって、誰かと手をつないでゴールするためにここに来たわけじゃないからね」

なるほどね——。何か、男を断ち切って自分の道を進む女みたいでかっこいい。

そんなマライエとヘビックは数日前、あのサモスの修道院アルベルゲの近くで「猛獣みたいにデカイ犬」に遭遇してふるえあがったらしい。その犬に吠えられ、追い込まれ、知らずに逃げ込んだ先は、ドアが開いたままで留守中の古い農家だった。

「ギャ————ッ、マライエ、助けて！　この犬怖い、ヘルプ・ミ————！」

犬と一対一で向かい合い、怯《おび》えるヘビック。ハァハァ言う犬。少し離れたところにいたマライエは、とっさに土間の冷蔵庫へ走って扉を開けた。すると中には、皿にのせられた大きな肉のかたまりがひとつ。マライエはその生肉をつかみとり、上にふりかざして叫んだ。

「ほら――っ、ここに肉があるわ！」

彼女はその生肉をブルンブルンふりまわして犬に見せ、力を入れてえいっと放り投げた。宙を舞う生肉、肉を追いかける犬、そのスキに逃げるふたり……。


なぜマライエはとっさに冷蔵庫を開けたのか。無意識に開けただけで機転をきかせたつもりはまったくなかったらしいが、そこに肉があってラッキーだったと言っていた。農家の住人は、帰宅して冷蔵庫から肉が消えているのに気が付いたら何て思うんだろう、ははは。

これもガリシアの魔女のいたずらなんだろうか。特にこのセリフがたまらない。

「ほら――っ、ここに肉があるわ！」

## 【37日目】　フェレイロス～オスピタル・デ・ラ・クルス（歩行距離　20㎞）

オーストラリアの歌うたい、ウィロー（42）からサンティアゴ到着のメールが来た。メセタの前半ではちょこちょこ会ってたのに、いつのまにかどんどん先へ行かれちゃったな。
『サンティアゴに着いたぜ。トモコは今どこ？　クレイジー・ジャパニーズのｙｏｕが、まだスペイン政府から強制送還されていないことを祈る。雨が多くて寒いから、最果てのフィステーラ行きはやめることにした。これからダリオの携帯に電話してみるよ。彼は今どこを歩いてるのかな。もし俺に運があるならば彼に会えるだろうか。でもムリならとっととバルセロナのビーチに逃げてひとりで祝杯をあげるよ。つらいけどね。ブエン・カミーノ！』

……えっ？……えっ？

ウィローがゲイなのは知ってたし、たった3ヵ月付き合った男を忘れるのに6年もかかったことも知ってるけど、ウィローがダリオにホレていた？　今、前回もらったメールを見直してみたら「ダリオに会うために今歩く距離を短くしている」って書いてあったわ。前回読んだ時はまったくピンと来てなかったけど。

行動はのろくてイライラさせられるけど、吸い込まれそうな瞳〝バキューム・アイ〟(byフジテレビ軽部アナ)で人気のダリオ。ウィローもあの瞳に吸い込まれちゃったのね〜。でもダリオといえば、映像制作と女のことしか頭にないんだから(たぶん)、サンティアゴどころか、まだ私のだいぶ後ろを歩いている(または歩いていない)はずだ。しかもイタリアから、微妙な関係の彼女がサンティアゴに迎えに来るかもとか、またうじうじ言ってたよ。

「ふだんのボクは暗くて非社交的でモテなくて、過去2年間、女ッ気というものがまったくなかったんだ。なのにカミーノに来てからすでにふたりの女性と……」

返信ついでにダリオから聞いたこんな告白話もウィローに流してあげようか。そのためのテントかよ、とひやかしまくる私にダリオはモジモジと弁解していた。

「からかわないでくれよ。キミのそういうところ好きじゃないよ。僕はみんなが思うような、女のケツばかり追いかけている典型的なイタリアンじゃないんだ!」

そうやって言い訳が達者なところも、ますます私が思う典型的なイタリア男だよ、と言ったらプリプリ怒ってたっけ。

それにしても、ウィローの切ない片思い……(たぶん)。

ところで私がダリオに貸した10ユーロは返してもらえるんだろうか。夫に捨てられたプァ〜なヤモメ、いったい私が時給いくらで働いてきたと思ってんだよ! ゆっくり歩くことで

カミーノが縁で結婚し、アルベルゲをオープンさせた夫婦（右）。私は日本人客第1号！

あら、皆さんも逆カミーノ？

後ろにいるダリオから10ユーロを徴収したい。実はそんな計画もあって、最近、足が前に進まなかったのだ（今思いついた言い訳）。だけど今日は邪念を振り払って20キロ歩けたよ。なのに全然体が疲れていない。我が肉体が、グイグイと強じんになっているのだろうか。

丘の上の集落のはじっこに一軒だけあるアルベルゲを選んだのに、ペリグリーノでいっぱいだ。だけど知っている人は誰もいない。ほとんど喋っていない。

夫からは時々、子供の嫌がらせみたいな変なメールが届く。実は夫、まだ気持ちの整理がついていないのか。突然こっちの関心をひきたくなったのか、別れて本当によかったとわざわざ書いてきたりするけど、エクスキューズミー、こっちはもうそんなプレイに付き合ってるヒマないんだよ！　もうアンタからのメールを待ってるだけの妻じゃないんだ！（強気）

スペインの強力な日差しに対抗するには、日本製の日焼けどめ乳液みたいに「サラサラ」とか「ぷるぷる」とか（「水のようなつけ心地」とか「うるおい」とか）ナマ易しいこと言ってちゃダメだと思い、スペイン製のSPF90（90だよ！）の「ベットリ」クリームを買ってみた。しかし敏感肌用って書いてあったのにさっそく頬にしっしん発生。本当にもう、夫どころじゃないんだってば。かゆい！

## 【38日目】　オスピタル・デ・ラ・クルス〜ポンテカンパーニャ（歩行距離16km）

今朝のことだ。

霧に包まれた静かな朝の森。30分ぐらいコンクリートの道を歩いたところに、一軒の小さなカフェがあった。入って中でコーヒーを飲んでいたら、そこはアルベルゲでもあるらしく、ひとりの日本人女性が出発するところだった。

あっ、日本人！

これまでのカミーノで、日本人にはほとんど会わなかった。たまーにいても、リタイアした山歩き好きのお父さんや、「四国のお遍路を歩いてきたので、こちらも挑戦」というお爺さまがたがチラホラ。だから日本人の、しかも女性に出会えたことで心がはずんだ。

京都から来たマチコさん。今回は3年ぶり、2度目の親子カミーノで娘さんと歩いているらしい。……と、聞いたところでその娘さんも現れた。スラリと背の高い美人の娘さん。

「あら、こんなかわいいお嬢さんがいらしたの？　親子でカミーノなんていいですね〜」

なーんてところから、今度はその娘さんのナオミさんと喋りだしたら止まらなくなってしまった。スラスラ日本語、ポンポン飛び交うQ．とA．、あふれるカミーノトーク。ここまで歩いてきてどうだった？　どこでどこに泊まった？　どんな人に会った？

　あれこれ話しているうちに、ナオミさんも今、私と同じような〝ゴールしたくない症候群〟にかかっていることが分かった。

　その症状としては、
・カミーノなかばの、楽しかった日々のデジカメ写真や携帯写真を眺めてはため息。
・携帯（ｉＰｈｏｎｅ）の待ち受け画面がその写真の中の一枚である。
・一日20キロぐらいは歩かないと体がさっぱりしないが、ゴールはしたくない。そんな気持ちのはざま（寛平）でアヘアへ……ｅｔｃ．
　ほかにも「だよね～、分かる分かる！」という共通点がたくさんあった。うじうじ悩む性格、ツッコミ傾向、ひねくれ者、あきらめが悪い、妄想癖などの欠点まで似ている。それで何となく「何座？」と居酒屋トークのノリできいてみたら、彼女も私と同じ乙女座だって。ちなみにカミーノでは、男女を問わず星座を人にきかれることが多くて、私も習慣になってきている。それで「わ～、やっぱり乙女座なんだ！」とか何とか言ったついでに「誕生日いつなの？」ときいてみたら、

「8月29日」

「えーっ、私も8月29日！」

「うそだ、すごい！」

「マイケル・ジャクソンとペ・ヨンジュンと、ＹＯＵと辛酸なめ子も8月29日だよね！」

「そうそう、個性派ばっか。八代亜紀もだよね！」

「ひゃぁ――、すごい偶然。でもナオミさん歳は……だいぶ若いよね？」

「37」

「え――っ、え――っ！　私も37！」

「え――っ、え――っ！」

「え――っ、え――っ！　１９７2年8月29日生まれで、ペ・ヨンジュンとは歳も同じ。昭和47年生まれ？」

「え――――っ！」

私たちのうるさい「え――っ！」の声で、ガリシアの森を起こしてしまったことだろう。

横で私たちの会話を聞いていた母マチコさんも、

「え――っ！　どうりであなたたち、考え方が同じなのか、さっきから同じことばっかり言ってると思ったわよ――」

と口をあんぐり。

しかし37年前の同じ日に日本で生まれた女がふたり、37年後の夏に、日本から遠く離れたスペインのカミーノという道を選び、ガリシアのド田舎のカフェで出くわすなんてやっぱり可笑しい。ガリシアの魔女だかカミーノのエンジェルだか知らないけど、すげーよ！

そのあともしばらく一緒に歩きながら、

「20代はどうだった？」

「去年って、ひどくなかった？」

などとカミーノに至るまでの人生やツキを確認しあって、これも話が尽きなかった（似ているところもあれば、あたり前だがまったく違うところもあった）。途中でポールがいたのでナオミさんにもポールを紹介したら「いい味のおっちゃんやけど、なに喋っとるか聞き取れんわ〜（笑）」とポールイングリッシュの難しさについても分かってもらえてスッキリ〜！

ナオミさんはこのカミーノでいい出会いがあったみたい。でもスケジュールの都合上、途中をバスで飛ばして急いだら、今度は急ぎすぎて時間が余ってしまったらしい。そのせいで知っているメンバーが全然いなくなって（彼とも再会が難しくなってきて）、今は後悔とロンリーの日々なんだとか。分かるわ〜、その気持ち！

サンティアゴ・デ・コンポステーラまであと66キロ。え――――っ！

え、こんな細いところを通るの？

新コーナー、〈今日のポール〉

## 【39日目】ポンテカンパーニャ～ボエンテ（歩行距離 13㎞）

またちびちびと、ミニ歩幅カミーノ。スローカミーノ。水前寺清子カミーノ。もう開き直ってゆっくり行くで～～。どうせ日本に帰る日は決まってるんだから。いいじゃん、カニ歩きで行こうがでんぐり返りながら進もうが。急いでゴールして、余った日を観光に使う？……ノン、ノン。それよりも、この道の上を気がすむまで堪能したいじゃないの！

で、だらだらカミーノ。

お昼に通過したメリデっていう町もタコで有名らしくて、またもや至福の茹でタコランチ。ムイムイ、リコ～～ッ！（超超ウマイ！）

ひとりでがっついていたらポールが「オーッホッホ」と嬉しそうに店に入ってきて一緒に食べる。そのせいで（常に人のせい）白ワインをおかわりしすぎてしまった。素焼きのカップに冷えた白ワインをなみなみと注いでくれる店でね。2杯、いや3杯だったっけ？　それで酔ったついでに日本人っぽく、「これぐらい私に払わせて下さいよ！　ここは私が……」ごっこをやってみたくなったんだよね。だから62歳のポールにおごってみたよ。ガッポガッポ。

カミーノは、おごりおごられて生きるのさ♪

そのランチのあとに午後の部を歩き始めたんだけど、ワインを4杯飲んだ後に(結局4杯だった!)猛暑の午後カミーノは厳しかった。町を抜けて、わりとすぐの村に置いてあったベンチで約1時間のお昼寝タイム……Zzz。その後、力を奮い立たせて30分歩いてみたけれど、森の中に現れたフルーツ無人販売のテントでまた休憩。

やっぱ酒飲むとだるいね～(あたり前)。「一杯のビールはエナジーになる」ってサラとマルコが言ってたのはどこの町だったっけ? 4杯のワインとは言ってなかったもんなー。

テントの前のベンチに座ってボーッとしていたら、スペイン人の男女ふたり組がやってきた。「暑いね～!」「疲れるよねー!」「どこから歩いてるの?」「ピレネー」……。おきまりのカミーノ挨拶トークを交わし終えたところで少し一緒に歩こうと誘われるが、ワインを飲みすぎて力が出ないからもう少しここで休憩したいと断った。

「ポルケ、カミーノ?(なんでカミーノ歩きに来たの?)」

よしきた。では、疲れているが口は元気なのでスペイン語バージョンで答えてみよう！

「結婚、9年、ダンナ、イギリス人、去年9月、離婚、終わり！」

そしたら「ひゃ〜っ、この酒飲み、離婚カミーノ！」とふたりで手をたたいてウケてくれた。このカミーノ動機トーク、最近やってなかったな。新しい友がなかなかできなかったから。


彼女の名前はパキ（33）。一緒にいる男性は、パキの妹の彼氏でパコといった。

「妹は仕事で忙しいから、かわりにパコがついてきてくれたの」

そんな彼らはニコニコと笑いながら、私のことを根掘り葉掘りきいてきた。

「大変だったわね。でもよく来た、スペインに。ここまで来ればきっと立ち直れる」

そしてパキが言う。

「私の夫はね、去年の12月5日に死んじゃったんだ。健康だったのに、ある日突然、映画館で私のこと待ってる時にバタンと倒れてそれっきり」

夫の死因が脳梗塞だか心臓発作だかは聞き取れなかったけど、まだ45歳だったらしい。

「離婚もつらいけど、元気で生きてるならいいよ。さぁ、もうすぐゴールなんだからいつまでも休んでないで歩こうよ。一緒に行こう!!」

ガリシアの家。石のぬくもり♥

励ましてくれたパキ。ありがとう！

道端の名もなき聖堂には巡礼者の手紙類がいっぱい！
私も自分の古い名刺を置く。グッバイ、英国姓！

「うーん……。あと5分したら行くわ〜」

「もーーっ（笑）、でも歩くのは自分の気が向いてからでいいよ。ブエン・カミーノ！」

〃エンジェル〃かは分からないけど、ふたりの笑顔はキラキラと輝いていた。つらい経験を背負っているのに、だらだらしている私のことを励ましてくれて、応援もしてくれたよ。パキに早く次の幸せがきますように。


今日の今日こそはと、空いているアルベルゲを狙って、わざとみんなが立ち寄らなそうな道の途中の、無名そうなバル兼アルベルゲを選んでみたらやっと空いていた。大成功！

しかし、いや「しかし」ではなく大変喜ばしいことに、またもやポール様がもれなくついてきたわけで……。あぁポール、それでもポール、あなたはなぜポールなの？　ポール、ひっくり返してルーポー。ルーポー大天使様……。入るなりスタッフのおばさんに思いっきり、

「ポール、よかったわね。あなたのガールフレンドが本当に来なさったわよー。さっき話してた日本人のペリグリーノって、彼女のことよね〜？」

と言われてしまい、

「オーッホッホホホ」

と、声高らかに笑うポール様とご対面〜。今日もありがとう、ポール！

## 【40日目】　ボエンテ〜ラバコーリャ（歩行距離　38km）

みなさ——ん、ちょっと見て下さいよ、今日のわたくしの歩行距離を。38キロですよ！　よく歩いたでしょう？　がんばったで賞？　ようやく、長かったモヤモヤ期を払拭《ふっしょく》できたのかしら？　宿がなくてここまで歩かざるを得なかっただけなんだけど。

7時半発、夕方5時着。朝からグイグイと歩いて、ガンガン飛ばしまくり、ズンチャカズンチャカ人を追い抜いて気がついたら35キロも歩いていた。20キロ地点あたりのアルベルゲは激混みで断念。28キロ地点で泊まるつもりが、歩きすぎて止まるのを忘れちゃったぐらい。途中でポールに会った時も「ごめんポール、今日は私、急ぐから！」とスタスタ先を急いでしまった（無愛想だったか！）。もうここでやめておかないと足に悪い、と思った時には村にアルベルゲはなく森の中の高いホテルのみ。

結局38キロ地点のこの村まで歩いて20ユーロのプライベートカーサ（宿）によれよれゴール。ゴール前日につき、奮発して個室、ブエン個室だぞ——っ！　数日前に会ったノルウェー人のオバ様教員グループと再会し、ディナーをご一緒した。カミーノ2度目の彼女たちから明日の道について指導してもらっているうちに、いつのまにか「あせるとろくな男にひっかからないから、それだけは気を付けて」と、男について忠告されているという、いろいろと勉強になるディナーだった。

サンティアゴ・デ・コンポステーラまであと12・7キロ（とうとう！）。

こうなると、明日はどうゆっくり歩いてもゴールなわけで。やっぱりそのままフィステーラまでも90キロ突っ走る（歩く）べきだろうか。……イエス！　そうすることに決めたよ。だって、〝地の果て〟、イベリア半島の西の先まで黄色い矢印があると聞いちゃー、歩かないわけにゃいかないペリグリーノ。大西洋が見えるまで。最後の矢印を見届けるまで……。

そこに黄色い矢印がある限り
歩いていくのさどこまでも
ウルトレイア、ウルトレイア（もっと遠くへ）
ブエン・カミーノ♪

以上即興、ひねりなし。この10日ほどのウジウジモヤモヤ期のせいで遅れて、一日30キロ歩かなきゃいけない計算だけど、おいはきばるど〜！　その勢いで飛行機に乗って日本に帰れたらよかが。心配をかけているカゴシマの両親にも会いに行かんな。明日は早起きけ？ノ――ッ！　ゴールまでたったの12キロだからとことん寝てやる。ファッキン爆睡！

ついに現れたサンティアゴの看板。「思い出させてくれてサンキュー。忘れてた！」というジョーク落書きが。

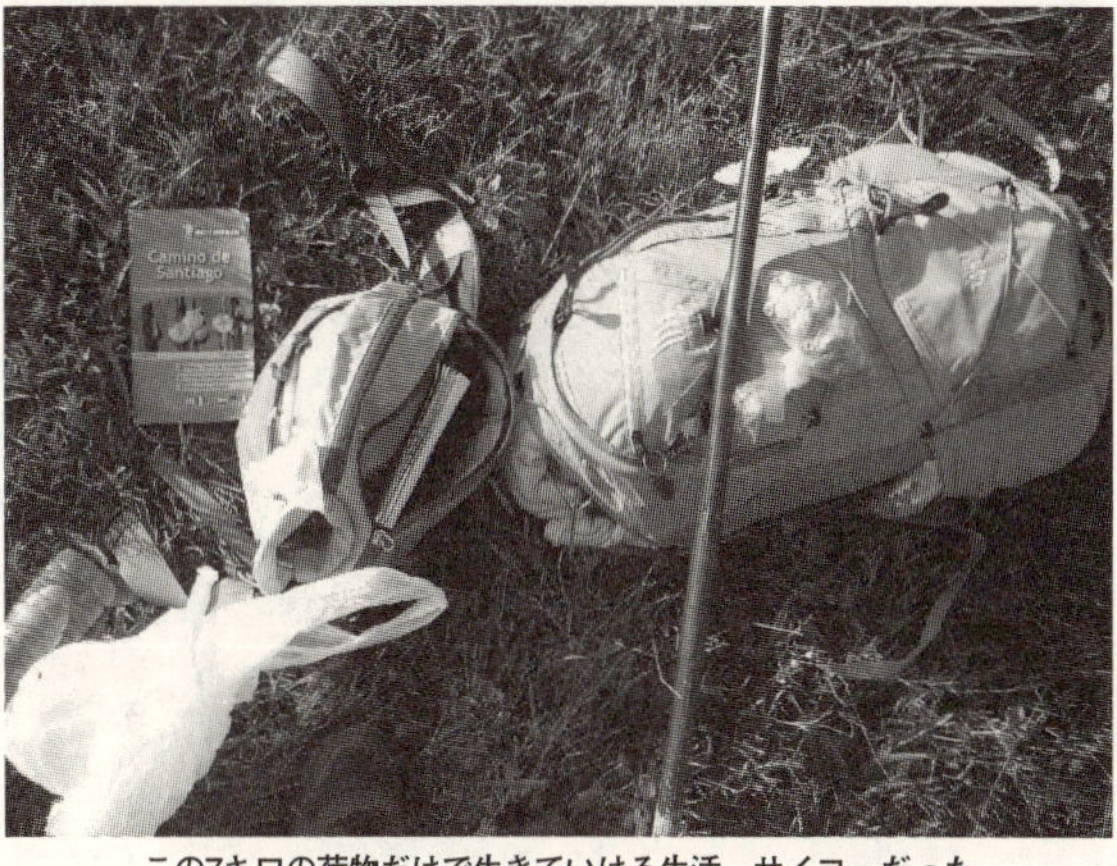


この7キロの荷物だけで生きていける生活、サイコーだった

【41日目】ラバコーリャ〜サンティアゴ・デ・コンポステーラ（歩行距離10km）
カミーノ・フランス人の道8－0km歩き終了

小雨のサンティアゴ。

少し眠って落ち着いた。

ゴールの手前10キロぐらいから、カミーノの道はもうホノルルマラソンか竹下通りか祇園《ぎおん》祭、と言ったら言いすぎだけど（言いすぎた）、昭和のマンモス校の修学旅行ぐらいには人だらけだった。バルのコーヒーやジュースの値段もどんどんはね上がっていくのにどこもペリグリーノでいっぱいで、トイレ休憩する気にもなれず。かといって青空トイレなんて絶対できない人の多さで、トイレを我慢しながらサンティアゴの旧市街に入った。

大聖堂・コンポステーラへ向かう下り坂は多くの土産物屋とカフェと観光客でごった返していた。ボロを着た巡礼者には不似合いな由緒ある建物、教会、アーチ、石畳のストリート。そしてコンポステーラ前の広場はもう、パリのエッフェル塔前って言ったらまた言いすぎだけど、旗をふりかざした団体観光客であふれていたわけで……。そんな中、仲間とにぎやかにゴールしたペリグリーノたちがいろいろなポーズで集合写真を撮っていた。

あれ、一体こんなところに何しに来たんだろう、ジョ？（スペイン語で私）こんなうるさい観光地へ来るために41日間も歩いてきたのか。

石畳に並んで寝転んで、大聖堂を見上げているペリグリーノ集団がいる。記念写真を撮りまくる観光客もいっぱいいる。私は何をすればいいんだろうか。泣けばいいのか笑えばいいのか、私もあそこに寝転がってゴールの喜びにひたればいいのか。

とにかくサンティアゴは華やかすぎた。草原のど真ん中の小さなアルベルゲに着いたら知ってる顔が待っていて、受付のおばちゃんが「こんな時間まで歩いたらダメだよ」って言いながら冷たい水を出してくれたような、そんなこれまでの一日の終わりと比べたら何もかもが違いすぎた。広場の隅からフルートの音色が聞こえてきてハッとしたが、それは着飾ったどこかのミュージシャンで、残念ながら私たちのサイモン（シッド）ではなかった。

淋しい。感動とかいう前にア然、ボー然。

ぼんやりしていたら地元ガリシアの広報誌の記者につかまって次々と質問され、写真を撮られる。しかし、インタビューに答えながらも呆気《あっけ》にとられていた。やれやれ。ゴールなんてこんなもんかね。

『べつにこんなところに来たかったから、
一枚の紙切れ（カミーノ証明書）が欲しかったから、
ここまで歩いてきたんじゃないんだぜ。
そうさ、僕らは………Ｎｏ、Ｎｏ、Ｎｏ！』
とかなんとか、昔の野島伸司青春ドラマ風に思ったりしてさ（主演イメージ：若かりし頃のいしだ壱成）。
こんなに人だらけなのに、知っているペリグリーノに誰ひとりとして会わせてくれないなんて、カミーノのエンジェルとやらもたいしたことねぇ。しょせん夢物語だ、絵に描いた餅だ、ボカディージョだ。……ひねくれてみる。ふてくされてみる。空虚な気分。〝遠くから歩いてきた組〟のみんなもこんな気持ちで、人ごみにまぎれてひっそりとゴールしたんだろうか。そうなのみんな⁉

夜、今日ぐらいはいいだろうと、ちょっと高そうな地中海レストランに入ってみた。ところが今日ぐらいはといいつつも、なかなか注文を決められない貧しきペリグリーノ。すると
「ペリグリーノは10ユーロでいいよ！」

着いちゃった———！

カミーノ証明書もらったで〜。これにて卒業!?

アイルランド人アイリーンと真紅の口紅・エビリンも取材を受けていたよ

チュニジア人の店主がそう言って、パエリアやらローストポークやらホモスやら、次々とおいしい料理をサービスしてくれたよ。地中海料理プラス、中東料理。

「そうか、はるばる日本からやって来て、ピレネーから810キロもひとりで歩いて、今日着いたんだね。カミーノのどこが素晴らしかったか、私に教えてくれないかい？」

客は私ひとりだけ。店主はひとりで食べる私の話し相手になってくれた。なんとなく、今日は話し相手が欲しかったからありがたい。もちろん、昼間新聞記者に囲まれた時よりはちゃんと答えられた。

「うん、それで今日ゴールしたんだけど、特に感動とかもなくて変な気分だったんです。だからもっと歩こうと思ったんだけど、この町を出たら22キロ先まで宿泊施設も何もないって言われて今日はあきらめました。でも最後にいい店に入れてよかったわ。シュクラン！」

知ったかぶりのアラビア語でありがとうを言うと彼は、

「心配しなさんな。明日はきっとよくなるから大丈夫！」

そう英語でやさしく言ってから、アラビア語でこう付け加えた。

「ボクラ、インシャラー（明日はきっと）」

よし、明日からの3日間、世界の終わりフィステーラを目指してあと90キロ歩くぜよ。

ボクラ、インシャラー。

# 第五章　海へ向かって（もうふり返らない！）

## 【42日目】 サンティアゴ～ビラセリオ（歩行距離 34 km）

カミーノ・デ・サンティアゴ810キロ歩き終了！

今日から始まったぞ、カミーノ・デ・フィステーラ90キロ。

フィステーラという地名はガリシア語で、スペイン語だとフィニステーレ。どちらも〝地の果て〟を意味するラテン語から来ているそうな。地図で見ると本当に地の果て、北スペインの西の果てにある岬がカミーノのゴールになっている。ローマ時代のペリグリーノたちは、ここを〝世界の果て〟だと信じて、カミーノ後のさらなる終着地として歩いた。いつから始まったのか、今ではペリグリーノたちがカミーノで着ていた衣服を岬の灯台の下で燃やす習慣もある。さて、何を燃やすかな～。


素晴らしいカミーノだった。

アルベルゲの朝。5時になっても6時になっても、誰ひとりゴソゴソと荷物をまとめて出ていく者はいなかった。

そうか、ここはサンティアゴで、カミーノはもう終わったんだった！

体がだるくて直前まで起き上がれなかったけど、思い切って早めに起きてよかった〜。サンティアゴの町を出てからのカミーノはぐっと人が減って静かになり、まるで2週間ぐらい前の通常カミーノ（？）に戻ったかのよう。まぁ、ゴールのサンティアゴに着いてもまだ歩きたいヤツなんて、よっぽどの〝カミーノバカ〟に限られるからね。〝遠くから歩いてきた組〟でも、フィステーラへはバスで行く人が半分ぐらいいるし。

町を抜け森の中に入っていくと、遠くの朝もやの中にサンティアゴ・デ・コンポステーラ（大聖堂）のシルエットが浮かび上がっていたよ。

うお――――っ、昨日よりずっと、サンティアゴに着いたことを実感。

誰もいない静かな森。木々のあいだをひとりで歩いていると体も心もスッキリしてきた。なんだ、なんだ、このわき上がってくるやる気は！

22キロ地点の町のカフェに入ると、スペイン人のルイマンがいた。おぉ！　彼と会ったのは、ここから700キロぐらい前の、ワインが出る蛇口のところだったはず。彼はフィステーラでサラに会い、一緒に海で泳いだりもしたらしい。サラの近況も聞けてよかった。

この町のアルベルゲは満室だと聞いて、さらに12キロ歩いて本日のカミーノ34キロ終了。30キロを超えるとさすがにくたくただ。でもこのさっぱり・晴れ晴れ・すがすがしい気分は何？　ゴールしたくない病は、ゴールを通過すれば一発で治ったのね！　あら、単純。

朝もやの中に浮かび上がるサンティアゴ・デ・コンポステーラ

今日からカミーノ・デ・フィステーラ。後ろのオババ
の足の開きっぷりといい、さっそく気に入ったよ！

そして大草原の中のアルベルゲに入ろうとしたら、外にあの男が座っていたんだよね。

「サンジューナナ――――ッ！」

「お――――っ、トモコ37！　会えた、やったね！　ちょうど今、トモコのこと考えてたんだよ。だってキミ、今日のガリシアの新聞に出てるよ。カミーノの思い出や印象に残ったことをきかれて、とにかく全部プルガに刺されたことって答えてるユニークな日本人ペリグリーノ。有名人だよ。でもこのインタビュー、ファッキン・イングリッシュ・ハズバンドのことは書かれてないぜ、はははは〜！」

そして見せられた新聞には、昨日サンティアゴ・デ・コンポステーラの前で取材されたインタビュー記事とともに、疲れきった笑みを浮かべる〝日本人トモコ〟の写真が載っていた。あらら。

37は今、あの白馬カミーノのマーラと歩いているらしい。彼らは白馬を連れてフィステーラまで歩き終えたそうだ。そして今はサンティアゴまでまた歩いて戻るところだという、上級のカミーノバカだった。

《37のナンパ道おさらい》

思えば37歳のドイツ男（本名クリスチャン）37は、サン・ニコラス教会のアルベルゲではオスピタレーロ（管理人）の立場を十分に生かして、サラの双子の妹フランチェスカに接近を試みていた。しかしフランチェスカがねんざしてイタリアに帰ってからは姉サラとしばらく一緒に歩いていたはず。その途中で白馬カミーノのマーラに会って、一時期は3人でも歩いていたらしい。


「でも気まずかったんだー。だって、一度サラにキスしようとしたらすごく怒られたんだ」

「あんたバカじゃないの。当たり前じゃん。サラはそんな簡単な女じゃないんだよ、知ってるでしょ？　あー、おかし」

「そのくせさ、マーラと3人で歩くようになったら、今度はサラが嫉妬して、あんまり私に喋ってくれなくなったのねとか、ごちゃごちゃ言い出して。まったく女って分からんよ」

　そして今はマーラに夢中らしい37。調子に乗ってこんな格言じみたことまで言い出した。


〝Amore is 100% or bull shit !〟

訳／アモーレ（愛）なんて１００パーセントかでたらめ（牛のクソ）だ。

だから常に全力で誰かを愛したい、俺のアモーレは１００パーセントかゼロかで、その真ん中はないんだと。

「ねぇ、それより37はローマから歩いてきたんだよね？　今回は2回目のカミーノだっけ？」

「12回目だよ」

……………はっ？　12、回、目？

聞きそびれていた37のカミーノヒストリーを今こそ聞くチャンスだった。

《37、ローマからの道》
37の本名はクリスチャンだけど、宗教的にクリスチャン（キリスト教徒）でもあるらしい。カミーノはこれまでに短期・長期あわせて11回経験。今年の冬、タイを旅していた時に、付き合っていた彼女が持っていたキリスト教に関する本を読んで、ローマからサンティアゴ・デ・コンポステーラまでのカミーノ3000キロを歩くことを決心した。今回は3月に旅先のバンコクからローマへ飛び、ローマのアルベルゲに滞在。あまりにも寒くて冬用のジャケットを買おうとしたが、アジアでの浪費がたたりクレジットカードが使えなくなっていた。手持ちの現金やトラベラーズチェックをかき集めてみると合計1800ユーロ。これではカミーノ一日の予算がたったの15ユーロだ。足りない、ムリだ、いったんドイツに帰って仕事でも探そう……37はヴァチカンの前に座って考えた。しかしその帰り道、道に落ちていた2ユーロを拾ったことでツキを確信。翌朝にはもうカミーノを歩いていた。金がないから道中、一度も外食はしたことがない。しかしイタリアでは町の人から食事に招かれたり、司祭から食費を持たされたり、某市長からはホテル代まで払ってもらったり……。自分から恵んでくれと頼んだことは一度もないのに毎日が感謝の連続で、十字架の前を通るたびに「神よありがとう」と言うようになった。そしてスペインまで歩くと、カミーノに何か恩返しがしたいと考えるようになる。そんな時、サン・ニコラス教会のオスピタレーロが病気だから手伝いに行くという女性に出会った。手伝いを申し出た37は、女性が3日でサン・ニコラスをたった後もひとりでオスピタレーロとして奉仕。教会でペリグリーノのために料理を作り、掃除をして、足洗いの儀式をつとめたあの2週間は、彼が歩いた3000キロ、99日間の中でもっともハッピーであり、人生のベストタイムでもあった。

「だからあんた、いつもパンばっかりかじってたんだね、37歳なのに」

今さらいろいろなことがつながった。ビールの1本でも10本でも、もっとおごってあげればよかった、ごめんね。でも嬉しいよ、今日この話が聞けて。カミーノで、この人と友達になれて。

「3日前サンティアゴに着いたら、20ユーロしか残ってなかったんだ。すごいだろ？　ドイツに帰る金なんかないよ、へへへ」

でもどうにかなるだろう、この男なら。サンティアゴでまた会おうねと言って別れた。

## 【43日目】　ビラセリオ〜コルクビオン（歩行距離　42km）

とうとう42キロも歩いちまった。14時間ほとんど歩きっぱ。頭おかしいんか！わての体はもう、歩きマシーンかサイボーグ、カミーノロボットと化している。燃料はワインとビール、川島なお美には負けないぜ。

今朝もすがすがしい朝もやウォークから始まった。37とマーラが泊まっていた無料のシャワーなしアルベルゲへ別れの挨拶をしに行ったものの、ふたりとも爆睡中。外にいたマーラの白馬・セクレに「バイバイ」とだけ言って出てきたよ。言ってないけど。

お昼にはドイツ人のお母さんと、でっかいイカフライがゴロゴロはさまったボカディージョ・カラマリを食べて、21キロ地点のアルベルゲに着いたのが3時頃。しかしここもまたカミーノバカ（愛をこめて！）たちですでに満室だったわけで……。

もう、歩くしかない……（カミーノバカ思考！）。

そして何かにとりつかれたように歩いたんだけど、これがまた「天才」としか言いようがない決断だったんだよね〜。

「あ――っ!」

本当に「あ――」というかすれた声しか出てこなかった。

……すげ――っ、何だよこの、でっかい無人地帯は! 歩き始めてから10時間たったところに現れた圧倒的な景色。その前から建物も見かけなくなって、自分がどんどん自然の中に入っていくのは感じていたが、ついに見渡すかぎり建物も人の気配もない、荒涼とした大平野の中に立っていたのだ。〝地の果て〟に向かう道、いるのは自分とでっかい太陽だけ……。すでに夕方の7時を過ぎていたけれど、オレンジ色の光に照らされた赤土と緑と岩が、どうしようもなくまぶしくってさ。たまらね――っ。疲れなんかふっとんで、こんなすごいところを歩けることが嬉しくてしょうがなくて。筋肉の疲れや心のもたれ(モヤモヤ・イライラ)がス――ッと、アンメルツヨコヨコが効いたみたいに消えてったよ。

もしさっきの村に泊まっていたら、ここは午前中に歩くことになっていたわけで。そうするとこの熱いオレンジ色の大地も、ひとり歩きも体験できなかったかもしれない。ラッキー。

全身でそんなカミーノを楽しみながら2時間ぐらい進んだ頃だったか。歩き始めてから12時間後、今度は坂道の向こうに、海が見えてきたんだよね。この43日間、フランスからピレネー山脈を越えて灼熱のメセタを歩き、いくつもの山を越えてや――っとたどりついた、海が。

グラサンも壊れた。あ、海だ……

こんなところを歩く経験、人生にそうない。夫よ、出て行ってくれてありがとう。いやまじで！

歩きすぎてハイになり、ぶっ壊れ中！

歩いてよかった。

私のゴールはサンティアゴじゃなくてこっちだったんだ。これで終われる。

山道を下りながら、海に近づいていった。そして見えてきたセーという、夕陽に照らされた港町。今日の道、すごすぎだよ。もう感激しちゃって、明日の最終回（テレビドラマか！）のことなんかも思って〝じ〜ん〟としていたら、背後から突然、自転車ペリグリーノが現れた。それまで何時間も誰にも会わなかったし、人気をいっさい感じなかったのに……。

「オラ〜！　ブエン・カミーノ！」

普段ならそう挨拶し合うんだけど、その時私は胸がいっぱいで声が出てこなかった。たぶん彼もそうだったんだと思う。ただ黙って汗だくの笑みを交わし合っただけ。

〝見たよね、お前も今、あの景色を⁉（感じたよね、アンメルツヨコヨコを！）〟

という無言の挨拶を。ヘルメットをかぶっていて顔はよく見えなかったけど、キラキラとうるんだ瞳をした人だった。アルベルゲがなかなか見つからず、さらに次の町へ、次の町へと歩いて、泊まれるアルベルゲに着いたのが暗くなりかけた夜の10時。

42キロも歩いたけど、もう足にマメはなかった。

「end of the land」地の果て、世界の終わり目前。

**【最終日44日目】** コルクビオン〜フィステーラ（歩行距離 14㎞）

「昨日、あのアイルランド人のおじさんのイビキ、すごかったね」

「うん。でもきみも明け方、少しかいてたよ」

ぎゃ――――っ、立ち直れね――――！　自分がたまにイビキをかくことは知っている。37やサラたちと、互いの寝息やイビキを正直に報告しあう協定を結んでいた時、私は〝25キロ以上歩いた日にワインを4杯以上飲むとキケン〟であることが判明した。キケン値を超すと「うるさいってほどではないが」イビキをかく傾向を。だから42キロも歩いた昨日は飲んじゃいけなかったんだよ。なのにエラソーに人のことを陰で笑っておいて、テメェもだよとデンマーク人男子に突っ込まれたことが死ぬほど恥ずかぴー最終日。あぁ、ごめんなさい。今日まで文句を言ったイビキ主の皆さま、神様、聖ヤコブ様！

わての人生なんてどーせ恥と失敗だらけよ、フン！（開きなおり）

でもさ、海沿いのカミーノが朝から新鮮で気持ちよすぎて、10分ぐらいで立ち直れちゃった〜♪　誰もいない海、朝の光。ビーチがあれば寄って、砂の上を歩いたり、座ってみたりしながらのんびりラスト・カミーノを楽しんだよ。

フィステーラの町に着いたのはお昼すぎ。でもカミーノのゴール〝地の果て〟の灯台は町からさらに3・5キロ歩いた岬の先端にあるから、その道は日暮れまでとっておいた。

海に太陽が落ちるのは午後9時すぎ。

30分ほど山道をのぼってたどりついた岬の灯台は、何の風情も感じられないコンクリートの灯台だった。まわりには土産物屋のテントが並んで、観光客でいっぱいだ。

でも大西洋へ向かって落ち始めた夕陽だけはずるいぐらいに美しい。道の上には最後のカミーノの道しるべの石が立っていた。刻まれているのは〝0・00KM〟の文字。

ここが地の果て、カミーノ・デ・サンティアゴのゴールに違いなかった。

しかしだよ、この観光客だらけのうるさい場所で、ひとりでどーやってブツ（！）を燃やせばいいんだよ。恥ずかしくないか？

戸惑いながら売店へライターを買いに行ったら、アイリッシュ・アイリーンがいて、タバコをプハ～ッとふかしてたんだよね。

今回のカミーノで3人の男と出会ってキレイに別れた恋の達人・アイリーン

♪燃〜えろよ燃えろ〜よ〜〜……

「何？　燃やすならライター貸すよ。……例のファッキン・イングリッシュ・ハズバンドの匂いが染み付いたタオルを燃やすの？　いいね、いいね。あたしも手伝うよ。そんな奴との思い出のタオルなんか、すっかり燃やして終わらせよう！」

うん、終わらせたい。

私がここで燃やそうと決めたのは、今回のカミーノで日よけ・顔隠し用に使っていたインド綿のボロタオルだった。だいぶ前にどこかの国で買って、夫がよく首にぶら下げていたもの。使い勝手がいいから持ってきただけなんだけど、よく考えてみたらこのファイヤー儀式にピッタリだと思った。

灯台から少し離れて草の生えた傾斜へ。火

をつけたら乾いたタオルはすぐに燃え始めた。

アイリーンが一緒に見守ってくれる。

「イギリス夫のバカヤロ――ッ！　トモコを泣かせやがって、恥を知れ、バスタード（バカ男）！　もっと燃えろよファッキン・ヨークシャ（夫の出身州）！」

「そーだそーだ、イギリス野郎！　別れる前に日本滞在ビザの延長書類にハンコだけは押せだとぉ？　ふざけんな、ファッキン・ローストビーフのノッポ野郎！」

「ヨークシャ・プディングはヨークシャへ帰れ――！　二度とトモコの前に現れるな、でも金は払え！　さもないとお前がトモコにしたことを全部バラすからなーッ！」

沈む夕陽に照らされて騒ぐふたりの女。

近くで静かにサンセットを楽しんでいたと思われるドイツ人観光客っぽいおっさんから「シ――ッ！」と注意されてしまった。やばい。しかしその瞬間、アイリーンは英語でこう言い返したんだよね。

「ファック・オフ！（消えうせろ）」

……半径10メートル範囲内からクスクス笑い。

「おっさん、これは900キロ歩いてきたペリグリーノの儀式なんだ、彼女にもあたしにもこれが必要なんだ、これで終わるんだ。だからちょっとの間だけ黙っててくれないかな?」という言葉をはぶいて、おっさんに通じようが通じまいが「ファック・オフ!」とだけ言い放ったアイリーン。私なんかのためにありがとう。カミーノで必要なもの(人)はすべて手に入る、最後まで当たってらぁ。

アイリーンと私は、交互に叫ぶ。

「いいぞ、いいぞ、燃えろよ燃えろ! トモコを苦しめた最低のバカ男! おめーこそピレネーからモチーラかついで900キロ歩いてみやがれ、この軟弱男!」

「マーサのハープもかつげー、裸足《はだし》で歩けー、逆にも歩けー、そしてあたしの10倍以上プルガに刺されて一晩中苦しみやがれ——!」

「メセタの日照り地帯でサイフを落として10キロ前まで探しに戻れー」

「タイガーバームを肩にすりこんだ手で、うっかり目をこすれー!」

「ガリシアの森でバカ犬にかまれろ!」

「足の指にマメ5個作って、ドラゴンに針でブッ刺されろ!」

「アルベルゲで大をした後に紙がないことに気付きやがれ!」

「1週間、毎食、腐ったボカディージョを食って腹こわせ~~! おめーの好きな納豆もはさんでやらぁ。……って、もうそろそろ消さないと草に燃え移っちゃうかも」

心配になってきた私が言うと、

「消すな――っ！　最後まで燃やさなきゃダメだよ！　火事になってもアホ夫のせいなんだから心配するな。おぉ、燃えてきたぞ、グッバイ・ファッキン・イングリッシュ・ハズバンド！　ついでにあたしも、カミーノで出会ったバカ男たちのことを忘れるからね！」

そして、ふたりで声を合わせて別れを告げた。

「あばよ！」

「よし、完了だ。トモコ、あの灰を見なよ。オ――ル、ゴ――ン！（All gone！すべて消えた）

あたし、これでも教師だから、8歳の子供に算数を教えたり片づけをホメたりする時、こうやって声をはり上

810キロのつもりが900キロ歩いちゃった！

げて大きく言うんだ。あんたのつらい思い出は今、
オ————ル、ゴ————ン！」
アイリーンの声に重ねて私も叫ぶ。
「オ————ル、ゴ————ン！」

彼女のおかげでさっさと燃やすものを燃やすことができて、ファイヤーの儀式終了〜♪

オ————ル、ゴ————ン。
これで今回のカミーノはすべて終わったのだ。
明日からはもう、サンティアゴの杖をついて歩かない。

おわり

# あとがき　～離婚カミーノを終えて（まだ届け出してないけど）～

フィステーラの灯台にたどり着いて思い出のタオルを燃やしてから、1週間がたった。

900キロを歩き終えて、日本に戻ってきた今頃になって足の裏がピリピリと悲鳴をあげている。だけど今すぐ杖持ってカミーノへ帰りたい！　それぐらいカミーノにとりつかれてしまった。


今回のカミーノでは「7月25日のサンティアゴのお祭りで会おうね！」がみんなの別れの挨拶になっていた。ところがすべてを終えて7月25日にバスでサンティアゴに戻ってみても、お祭りの規模と人の波がすごすぎて、結局ほとんどの人と再会ならず。37ともダリオともメール連絡がうまくいかず、会えずじまいだった。

だけどそんな時に「トモコさ――ん！」と人ごみの中で私の名前を呼んでゴハンに誘ってくれたのは、私と同じ生年月日のあのナオミさん。そして帰国前夜の私のためにフィステーラを切り上げて、サンティアゴで一緒にワインを飲んでくれたのは「オ――ル、ゴ――ン！」のアイリーンだった。アイリーンとは夜の街を「ノー・モア・バスタード！（バカ男はもうご免)」と叫びながらストレス発散・大行進。これだから嫌いになれないんだよ、カミーノは！　それにやっぱり、女友達っていいよな～、いつも助けてくれる♪

「今回のカミーノで何が変わったの？」ときかれたら私は「5キロやせて腹が引っ込み、日に焼けた」と答えたい。そして「この44日間、〝夫に出ていかれたもので……〟を言う回数を積んだことで、だいぶ離婚への抵抗が薄まりました」とも。神聖で崇高なカミーノだけど、実際は食って歩いて、足マメ作ってファッキン・カミーノ。「ファッキン・アルベルゲ」「ファッキン・ボカディージョ」「ファッキン・モチーラ」……今となってはそのすべてが愛《いと》おしい。私のファッキンごっこに付き合ってくれたアミーゴたちよ、私に笑うことを思い出させてくれてありがとう。半年前は想像するだけで号泣していたけれど、今じゃ元気に、家じゅうに貼ってある夫の写真をひっぺがすことだってできるんだぜ。そうだ、明日やってみよう。

ふだんなら付き合って1年の相手じゃないと言えない悩みも、旅先でなら出会って3日目の人に言える、カミーノなら会って5分の人にでも言えてしまうカミーノ・マジック。日本から持参した虫よけ薬は全然効かなかったけれど、カミーノが私の回復をずいぶん早めてくれたに違いない。効いたよね～、早めのカミーノ♪

あ、そういえば今私がいるこの東京のマンションは、出発前の散らかった状態のままちゃんとありました、ありました！　お風呂場のポトスも枯れずに生きてました！「引き払った」なんて夫からのメールはきっと脅しだろうとは思ったんだけど、それでも一応ドキドキの帰国で皆さんにもご心配をかけましたが、おかげ様で当分住居の心配はなし。離婚や引っ越しのための〝話し合い〟や〝作業〟はまだ山積みだけど、夫に対する未練は消えたからあとは乗り越えて行けると思います。いずれウィークリーマンションでも探すかな〜。

『家についてからが本当のカミーノ』

3日前、ローマからこんなメールをくれたのはダリオだった。

『これからは自分の現実と真剣に向き合っていかなきゃね。それがリアル・カミーノ。きっと厳しいかもしれない。でもカミーノのおかげで気持ちが軽くなったし、それに僕たちペリグリーノはもう、サンティアゴ、いや、サンティ・ファッキン・アーゴの神にプロテクトされているから強いんだ。ファッキン・リアル・カミーノ！　聖ヤコブ様だってきっと、僕たちのファッキンジョークのことは許してくれるはずさ、ハハハ〜！』

おめー、人生語る前に、貸した10ユーロ返せよ！

しかも彼は、カミーノ後半でも新たな恋（3人目？）があったようで……まったく何なんだよ、みんなして！　そしてゴール時の所持金がたった20ユーロだった37は、白馬に乗ったマーラと彼女のスイスの実家まで一緒に帰って浮かれている様子。サンティアゴまで馬を引き取りにきたマーラのお父さんに交通費を世話してもらったみたい。

そして私はといえば、聖なるガンジス河で出会った男と結婚して、その10年後に別れて聖なるカミーノ。カネなし、オトコなし、仕事少々、これからどうなる中年やもめ。でもたった44日間だったのに、やけに濃密だったカミーノのことは忘れない。

ブエン・ファッキン・カミーノ！

2010年夏。やべぇ、もうすぐ38！

## 2年半後のあとがき

1年間におよぶシルクロードの旅から日本へ帰ってきた。中国の西安をスタートして、西へ西へとマルコ・ポーロの足跡をたどる旅（……あれっ、カミーノはどこ行った？　と思うかもしれませんが、ドラマにおける〝――2年半後〟だと思ってお付き合いプリーズ！）。中央アジアの広大な草原や砂漠に目を奪われ、猛暑期の都市ではモスクの前に座りこみ、旧ソ連型のポンコツ車に揺られてホコリの中を駆け抜けたような旅だった。誕生日にはスペインのトマト祭りへ飛んでトマトを投げて四十路《よそじ》に突入。イラン、トルコ、マケドニア……最後にアドリア海を渡ってイタリアのローマにゴールした。新しい発見や出会いの連続だったが、旅の終わりは少し意外だった。

ローマといえば……カミーノのダリオじゃん！

いや、ローマといえば私にとってはシルクロードの終着地だったんだけど（諸説あるが）、カミーノでドキュメンタリーを撮りながら歩いていたイタリア人の友・ダリオが住む町でもあった。彼と最後に会ったのは2年半前、アセボという村のアルベルゲで10ユーロを貸した朝。「サンティアゴで返すから！」なんて言われてそれっきりだったけど、まさかシルクロードの旅の果てに会うことになるとは。

彼が撮影したカミーノのビデオを、ついにローマで見せてもらうことができた。教会の外のベンチでギターをかきならし、即興の〝サンティアゴ・ブルース〟を歌うサイモン（いつもはフルート吹き）。その横で、ワイングラス片手にリズムにのる日本人の女は私だった。ノーメイクで髪もボサボサだが、あんなに楽しそうな自分の顔を見たのは初めて。森の中でブランコに揺られながら、夫にフラれたことを告白する時は笑いながらも泣いていた。あぁ、こんなに弱ってたのか私！　歩きすぎてガリガリに痩せ細った中年の女、でも何か一生懸命。忘れていた過去の自分がよみがえってきた。

夫には逃げられたが、カミーノを歩いたおかげで私には新しい友達ができた。このビデオの作者・ダリオは私の人生のわりと重要なポイントで絶妙なアドバイスをくれるニクき友でいてくれている。女をコロコロ替えているのが気になるが、今年ついに結婚するとかしないとか。嬉しいことに、ドイツ人の37（今はもう39歳だけど）も、私たちに会うためローマにかけつけてくれて、まさかのトリオで再会。37は今、22歳の新しい彼女とジャーナリスト業に夢中で「いつか俺とダリオとトモコの3人で、インドの聖地巡礼路を歩いて映像作品を作ろう!」とはりきっている。そしてもうひとり、私と生年月日が同じナオミさんは今や私の〃リアル・カミーノ〃、つまり人生カミーノをも支えてくれるかけがえのないアミーゴだ。つらいことや悲しい出来事の後に、今まで何度「なおち――ん!」と泣きついてきたことか。友や家族に助けてもらって今日までこられた。

カミーノを終えた年の冬、私は離婚してバツイチになった。そして日本を叩きのめしたあの大地震の後、今度は仏教の〃四国お遍路〃に挑戦。「ペリグリーノ」の翌年は「おへんろさん」になって、四国の霊場108ヵ所をめぐる1400キロの道を歩いた。おへんろはカミーノとは違う形で厳しく、優しく、濃密で、カミーノの倍ぐらいハードだったよ。ふたつの道に感謝をこめて『バツイチおへんろ』(双葉社刊)という本を書かせてもらい、荷物をまとめて日本を出た。そして絹の道・シルクロードへ。

と思ったけどその前に、インドへ寄ってきたナリよ――。

カミーノの十字架の下に置いてこられずに、その後も処分に困っていたあのタイムカプセルを捨てるために。結婚10年目に開ける予定だったあのブツを! こうなったら元夫と出会ったガンジス河に葬るしかないと思ってね。しかし元夫なんてもうすっかり過去の人だったのに、12年前、彼と歩いたバラナシの町へ乗り込んでみたら意外にも息が苦しくなっちゃって。でもやるからには女優になって、ひとり夕暮れの河岸に座ってカプセルを開けましたよ。そして中の手紙をあらためて、さめざめと泣いてから手紙をビリビリと破りましたよ（お約束）。そしてそれをまたカプセルに入れて、インド人の小舟から放り投げてやったさ。

「うりゃ――――――っ！」

そうやってカプセルとオサラバして、自分の2年半前の映像と対面して立ち直れたことに感謝して、ダリオに貸した10ユーロも返してもらって無事帰国。これで本当に、私のカミーノ2010を卒業できたかなって気がしてるよ。結局、今回のシルクロードの旅の終わりは自分の過去とつながっていたのか。あ、未来ともつながってほしかったけど、私の「ライトマン」はシルクロードにもいなかったようで、それも報告。チッ……。

さーらーにーっ、カミーノからもらったこのアツイ体験を本にまとめるというのも、ペリグリーノ（巡礼）ライターの私が目指すもうひとつのゴールでした。3年越しの願いをかなえてくださった幻冬舎の皆さま、特に、離婚以来の家なし・旅人の身で、鹿児島、ローマ、ベルリン、アムステルダムと、放浪しながら原稿を書く私を見捨てずに応援してくれた編集の大野里枝子さん、誤字だらけの原稿をチェックしてくれた校正さん、そしてこの原稿の基になった今はなき「モバイルブロス」の連載「ファッキン巡礼」の当時のスタッフの皆さま、ムーチャス・ムーチャス・グラシアス！

　読者の皆さまにも、心からのお礼と１００パーセントのアモーレを送ります。もし、これを読んでカミーノを決心してくれた人がいたら、そしてもしもあなたが今、何かつらいことを抱えていてこれから歩こうとしているのなら……抱きしめてあげたい。泣かないで、大丈夫。カミーノがきっと助けてくれる。

　そして歩きたくても歩けない事情があるのなら……あなたにとってこの巡礼の情報が、心の扉をあけるキーのひとつとなり、何かを動かす手助けになってくれたら嬉しく思います。スペインの西の果てに向かうこんな道があることを知って、ちょっとだけでも想像して、今日を笑ってすごしてくれたなら。

　カミーノ2日目に教えてもらった「人にあげるものを入れておくモチーラ（バックパック）」、私があげられるものなんていまだほんの少しだけど、明日もがんばって、あきらめないで、雨上がりの虹を信じてファッキン生きようぜィ！


ブエン・カミーノ！

２０１３年　森　知子

【参考文献】

『巡礼の道　星の道　コンポステラへ旅する人びと』ピエール・バレ、ジャン・ノエル・ギュルガン著　五十嵐ミドリ訳（平凡社）
『Camino de Santiago』（MICHELIN）
『Camino de Santiago Map 2nd edition』（Pili Pala Press）

この作品は携帯専用サイト「モバイルブロス」（東京ニュース通信社）に
「さらばイギリス夫、今日からひとりでファッキン巡礼！　～スペイン
８１０㎞徒歩の旅」として連載されたものを改題し、再構成しました。

## 幻冬舎文庫

●好評既刊
# 身を捨ててこそ
新・病葉《わくらば》流れて
白川 道

博打、酒、女の全てに淫し、放蕩無頼の限りを尽くした梨田雅之。齢二十三にして四千万の金を手にした彼の胸中にあるのは、新たな刺激への渇望だけだった。自伝的賭博小説の傑作、新章開幕！

●好評既刊
# 神様のラーメン
多紀ヒカル

神の味「絶品キノコラーメン」や女の色香が隠し味「禁断のサラエボ豚煮込み」、冥界レストランでしか味わえない「究極のフレンチフルコース」など、驚きの味覚が体感できるグルメ小説六編。

●好評既刊
# ドS刑事
風が吹けば桶屋が儲かる殺人事件
七尾与史

静岡県浜松市で連続放火殺人事件が起こる。しかしドSな美人刑事・黒井マヤは「死体に萌える」ばかりでやる気ゼロ。相棒・代官山脩介は被害者の間で受け渡される「悪意のバトン」に気づくが。

●好評既刊
# ぼくたちの家族
早見和真

家族の気持ちがバラバラな若菜家。母の脳にガンが見つかり、父や息子は狼狽しつつも動き出すが……。近くにいながら最悪の事態でも救ってくれない人って何？ 家族の存在意義を問う傑作長編。

●好評既刊
# 7年目のツレがうつになりまして。
細川貂々

7年前、夫がうつ病を発症した。闘病生活を送る夫と仕事に本気を出す妻。ゆっくりと、だけど大きく変化した夫婦は、「人生、上を目指さない」というモットーにたどりつく。シリーズ完結編。

# 幻冬舎文庫

# カミーノ！

## 女《おんな》ひとりスペイン巡礼《じゅんれい》、900キロ徒歩《とほ》の旅《たび》

森《もり》知《とも》子《こ》

平成25年7月5日　初版発行
令和元年5月30日　2版発行

発行人——石原正康
編集人——永島賞二
発行所——株式会社幻冬舎
〒151-0051東京都渋谷区千駄ヶ谷4-9-7
電話　03(5411)6222(営業)
　　　03(5411)6211(編集)
　　　振替00120-8-767643
印刷・製本—中央精版印刷株式会社
装丁者——高橋雅之



幻冬舎文庫

ISBN978-4-344-42051-9　C0195　　も-17-1

幻冬舎ホームページアドレス　https://www.gentosha.co.jp/
この本に関するご意見・ご感想をメールでお寄せいただく場合は、
comment@gentosha.co.jpまで。